GÉNÉALOGIES

ET

ARMOIRIES DAUPHINOISES

PAR

Edmond MAIGNIEN

Membre correspondant de la Société française d'archéologie et de numismatique,

de l'Académie Delphinale,

et de la Société archéologique de la Drôme.

GRENOBLE

XAVIER DREVET, ÉDITEUR

Libraire de l'Académie

Rue Lafayette, 14

Mai 1870

GÉNÉALOGIES

ET

ARMOIRIES DAUPHINOISES

GÉNÉALOGIES

ET

ARMOIRIES DAUPHINOISES

PAR

EDMOND MAIGNIEN

Membre correspondant de la Société française d'archéologie et de numismatique,
de l'Académie Delphinale,
et de la Société archéologique de la Drôme.

GRENOBLE
XAVIER DREVET, ÉDITEUR
Libraire de l'Académie
Rue Lafayette, 14

Mai 1870

Tiré à 310 exemplaires dont 10 sur papier Hollande.

Chaque livraison porte la signature de l'auteur.

341-5-70. — Grenoble, impr. Prudhomme, rue Lafayette, 14. —T.

Il n'existe que peu d'ouvrages sur les familles nobles du Dauphiné. Guy-Allard et Chorier nous ont donné les nobiliaires de notre province. M. de Rivoire de La Bâtie a publié, de nos jours, un armorial beaucoup plus complet que les deux précédents, mais nous n'avions pas d'ouvrage spécial pour les généalogies dauphinoises ; c'est là le sujet de cet essai.

Après avoir examiné l'armorial de M. de La Bâtie, nous avons remarqué qu'un grand nombre de familles n'y étaient pas mentionnées ; ensuite, ayant trouvé des renseignements généalogiques, sigillographiques et héraldiques encore inconnus, nous avons entrepris ce travail que nous publierons par livraisons. Pour cette publication, nous avons compulsé les nombreux manuscrits de Guy-Allard, où nous avons beaucoup puisé ; les archives de la chambre des comptes, celles de l'évêché, les registres de reconnaissances et d'hommages *de Probus, Pilati, Frumenti, Paneti*, les révisions de feux et de nobles à diverses époques ; les registres *generalia*, les cartulaires dauphinois de MM. le chanoine Auvergne et l'abbé Chevalier ; enfin, un grand nombre d'autres ouvrages qu'il serait trop long d'énumérer ici.

Nous n'avons pas l'intention de publier toutes les filiations des familles nobles ; il ne paraît pas opportun de reproduire de longues généalogies données déjà par Lachenaye-des-Bois, Guy-Allard, d'Hozier, etc. ; mais les noms de toutes ces maisons seront indiqués dans notre travail et nous renverrons aux auteurs qui ont dressé leurs généalogies. Nous ferons aussi remarquer que nous ne donnons des armoiries qu'autant qu'elles sont omises dans l'ouvrage de M. de la Bâtie. Nous y joindrons aussi les armes des couvents, des sociétés, des confréries, etc., qui ont existé ou existent dans notre province.

En finissant, nous adressons une prière à tous les Dauphinois, à tous les collectionneurs et amis de ce genre de recherches, c'est de nous communiquer les titres anciens qu'ils pourraient posséder concernant les familles dauphinoises, la description des armoiries qu'ils rencontreraient sur les maisons, sur les monuments civils ou religieux, sur les dalles funéraires, sur les reliures de livres, les sceaux, les anciens cachets, les pièces d'argenterie, les meubles, les tableaux, les vitraux d'église, les peintures murales, les boiseries sculptées, etc., etc. ; enfin, tout ce qui peut se rapporter et servir à l'histoire des familles de notre pays. Nous adressons d'avance, à ceux qui voudront bien répondre à notre appel, nos plus vifs remercîments.

Nous manquerions à notre devoir si nous passions sous silence les conseils qu'ont eu l'obligeance de nous donner M. l'abbé Chevalier et M. Brun-Durand. Nous devons aussi des remercîments tout particuliers au savant archiviste de l'Isère, M. Pilot, qui nous a donné toute facilité pour compulser les archives confiées à sa direction.

Edmond MAIGNIEN,
2, rue Fer-à-Cheval (Grenoble).

GÉNÉALOGIES

ET

ARMOIRIES DAUPHINOISES

ABBAYE DE BONGOUVERT. — On connaît deux sceaux de l'abbaye de Bongouvert de Grenoble (Société de joyeux compagnons); ils sont appendus à un acte de 1660. Le premier, portant cette légende : SOCIETAS. PACIS , représente Adam et Eve cueillant le fruit défendu sur l'arbre qu'enlace le serpent ; le second est anépigraphe ; dans le champ, on voit deux mains jointes.

Nous avons trouvé un sceau plus ancien qui doit se rapporter à cette abbaye. En voici la description : il est de forme circulaire ; entre deux filets, on lit : SEAU· DE· LA· GRA· ABAIE· DV DAUPHE SEAT· A· GRENOBLE· (sceau de la grande abbaye du Dauphiné, séant à Grenoble). Sur une chaise de forme antique, un abbé, coiffé d'un large chapeau ecclésiastique, tient de la main droite les plis de sa robe et semble tendre l'autre. A son trône sont accolés deux écussons : celui de droite représente les armes de Grenoble ; celui de gauche est écartelé aux armes de France et de Dauphiné.

ABBON.— On trouve dans le cartulaire du prieuré de Domène (Charte 95), un *Abbo miles*, mari de Vuitburge et père de Guigues.

ABEL. — Noble maison espagnole passée en Dauphiné, éteinte aujourd'hui. (Voir l'Armorial de M. de la B.).

ABON. — Famille originaire de Gap (Hautes-Alpes), dont nous trouvons la première mention dans un traité que Guillaume d'Abon signa avec l'évêque de Gap, 19 janvier 1274. Ce Guillaume était consul de Gap en 1286 (*Hist. de Gap*, par Th. Gauthier, p. 377). Nous ne commençons à connaître la filiation de cette famille qu'à partir de :

I. Pierre Abon, notaire à Gap, marié avec Anne de Justas (La Chenaye-Desbois, p. 15), dont il eut :

II. Jean d'Abon, 1446 et 1458 *(Rev. de feux)*, qui épousa Béatrix Gras, fille de Jean, seigneur de la Tour, et de Béatrix de Montorcier ; par son testament du 6 mai 1480, Jean d'Abon voulut être enterré dans la tombe de son père. Il eut quatre enfants : 1° Guillaume qui suit ; Jeanne, mariée à Jean de Bossue, d'Embrun ; Artaude, qui s'allia à Jean Arnaud ; Françoise et Marie.

III. Guillaume d'Abon, II° du nom, fils de Jean, fit échange avec Bernardin de Clermont et, par un accord passé en 1494, il eut la co-seigneurie de Reynier en Provence. Il s'allia, le 5 novembre 1496, avec Alix de Valavoire, fille d'Antoine et de Marguerite de Villemur. Il eut Jean d'Abon qui suit, François et Annet.

IV. Jean d'Abon, II° du nom, seigneur de Reynier, épousa, par contrat du 12 janvier 1524, Marguerite de Glandèves de Gréoux, fille d'Hélion et de Jeanne de Justas ; il testa le 29 octobre 1559 et laissa : 1° Guillaume d'Abon qui suit ; 2° Olivier, co-seigneur de Reynier, qui eut pour fils Balthazard, marié à Madelaine

Baud, d'où Julie qui épousa Melchior d'Abon, son cousin ; 3° François, seigneur de Montfort, 1570, épousa Catherine de Bonne en 1574 et testa en 1586 (branche des seigneurs de Montfort) ; il laissa Marguerite, femme de Claude de l'Olivier, sieur de Réotier ; Etienne d'Abon, seigneur de Montfort, épousa Jeanne de Masebeuf, 1609 ; Sébastien s'allia avec N. de Chantal ou Chatal, 1654 (notes manuscrites de Robert, frère Prêcheur); enfin, nous trouvons Joseph, seigneur de Montfort et écuyer de Mgr le Camus, évêque de Grenoble, 1700 (archives de l'évêché de Grenoble) ; 4° Isabelle épousa François de Capris, docteur en droit; 5° Françoise s'allia à François Bougearel, écuyer; 6° Diane ; 7° Claudine, mariée à Jean Poncet, écuyer de La Terrasse de Montalquier ; 8° La Chenaye Desbois nomme encore un Pierre qui aurait été chevalier de Malte.

V. Guillaume d'Abon, IIIe du nom, seigneur d'Antraix et de Reynier, épousa Eléonor d'Autane, fille de Raymond et d'Antoinette de Rame, le 25 juillet 1567.

Jean et Charles naquirent de ce mariage.

VI. Jean d'Abon, IIIe du nom, docteur en droit, co-seigneur de Reynier et seigneur d'Autane, se maria le 14 février 1599 avec Suzanne de Pioule, fille d'Honoré, seigneur d'Antraix, et de Lucrèce Blain. Jean d'Abon avait fait hommage, en 1540, à l'évêque de Gap, Gabriel de Clermont, pour ce qu'il possédait dans la terre de Reynier (*Hist. de Gap*, par Gauthier, p. 332).

Charles d'Abon, deuxième fils de Guillaume III, épousa Catherine de Loyans, dont il eut Jacques-Auguste, écuyer, seigneur de Boulays, mari de Madelaine-Thérèse de l'Aigneau, sous-gouvernante de Marie-Anne d'Orléans, duchesse de Savoie. De cette union naquit Renée-Thérèse d'Abon, qui mourut à Paris dans la 78e année de son âge, le 18 juillet 1736. Elle avait été mariée, en 1687, avec Jean-Baptiste de Rouvroy, marquis de Rouvroy, lieutenant-général des armées navales du roi, décédé le 23 mars 1744 (La Chenaye). Jean d'Abon III laissa deux enfants Melchior, qui suit, et Hélène, mariée à Joseph de Moustiers, maréchal-des-logis à la compagnie des gens d'armes du maréchal de Créqui, le 3 juillet 1629.

VII. Melchior d'Abon, seigneur d'Antraix et de Reynier, lieutenant au gouvernement de Château-Dauphin, épousa Julie d'Abon, fille de Balthazar et de Madelaine Baud ; eut pour fils François, chanoine de la cathédrale de Gap, 1670.

François d'Abon, sieur d'Antraix, épousa vers 1688 Louise de Revilliasc (Mémoire judiciaire). L'*Armorial du Dauphiné*, de M. de La Bâtie, nous apprend qu'une branche cadette des d'Abon passa en Anjou, où elle existe encore.

Jean d'Abon était lieutenant du juge de Gap en 1621 *(Hist. de Gap)*.

Antoine était consul de la même ville en 1695 *(Id.)*.

Le marquis et le chevalier d'Abon figurent aux états généraux de la province en 1788.

Charles-Louis d'Abon, colonel du génie, maire de Gap en 1815, épousa Sophie de Sinard, dont il n'a laissé que deux filles, mariées : Aimée d'Abon, à M. Pinet de Manteyer, et Victoire-Alix d'Abon, à M. Aubryot de la Palme *(Armorial* cité).

N'oublions pas de dire que, le 20 décembre 1522, un arrêt du Parlement de Dauphiné fut rendu en faveur

de la noblesse de Guillaume d'Abon. Nous en emprun-
tons cette phrase : *Citra tamen præjudicium nobilitatis
dicti nobilis Guillelmi Abonis debite justificatæ.*

ABRA. — Pierre Abra était châtelain de la Bâtie-Rol-
land au Valentinois, en 1458.

ABRIVAT. — Famille de l'Embrunois qui paraît en
1295. Guillaume Abrivat jeune, chanoine d'Embrun,
et Guillaume Abrivat, prieur de Salice, aussi chanoine,
vivaient en 1295. Guillaume, IIIᵉ du nom, co-seigneur
de Savines, 1300, laissa trois enfants : Guillaume IV, qui
suit ; Jean, mort sans enfants, vers 1334, et Philippe.

Guillaume IV, co-seigneur de Savines, 1330, laissa
Guillaume, mort sans hoirs vers 1358 ; Antoine, qui
suit ; Pons, Marguerite, femme de D. Lubirat, d'Embrun, et Guillemette, épouse d'Antoine Pichier.

Antoine Abrivat, co-seigneur de Savines, 1356, laissa
Guillaume VI, père de Guillaume qui suit ; Antoine II,
1430, et N. femme de Maurin.

Guillaume VII, en 1430, a pour fils Guillaume VIII,
1460, qui lui-même eut Guillaume IX, 1500. (Guy-Allard et *Essai histor. sur la ville d'Embrun.*)

ACADÉMIE DELPHINALE. — Cette savante Compagnie, composée, depuis sa fondation, des hommes les
plus éminents de la province, reçut, par lettres-patentes
de Louis XVI données à Versailles au mois de mai 1789,
les armes suivantes :

*D'azur à un livre ouvert d'argent, au chef cousu de
gueules, chargé d'une fleur de lis d'or, d'un dauphin de
même, et d'une rose d'argent.*

ACADÉMIE FLOSALPINE. — Elle fut fondée à Embrun, le 6 décembre 1857. Les armes de cette Société sont : Un oranger chargé de fleurs et de fruits, avec cet exergue : *Flores et fructus* ; au-dessous, une alliance formée de deux mains entrelacées, avec cette autre devise : *In scientia et virtute*.

ACHARD-FERRUS, alias *des Achards*. — Lantelme des Achards, fils de Gonon ou Hugues *Achiardi*, habitait dans les baronnies du Dauphiné en 1410 ; il épousa Béatrix, dame de Montault, et eut de cette union :

Antoine des Achards, qui suit ;

Raymond des Achards, qui forma la branche des seigneurs de Ste-Colombe.

Antoine des Achards, seigneur de Montault et de la Baume-Rison en Dauphiné, passa en Provence et s'établit dans la ville d'Avignon ; il testa le 12 août 1496 en faveur de ses enfants.

François des Achards, seigneur de Montault et de la Baume, épousa Marie d'Alauson, dame en partie de Ribeyret, dont il eut Jean des Achards, mort sans alliance, et Marguerite des Achards, dame de Ribeyret, qui s'allia avec Rostaing-Manent en Dauphiné, en 1550.

Barthélemy Achard, seigneur de Chauvac et de Ste-Colombe, fils d'Antoine, eut Antoine Achard, IIe du nom, seigneur de Chauvac, de Ste-Colombe et de Penafort, qui épousa vers 1532 Honorade de Ferrus, fille d'Antoine, seigneur de Penafort. Ce seigneur fit son testament le 12 juin 1564, au château d'Orpierre. Il eut trois enfants : Victor, qui suit ; Marguerite ; Jeanne, femme d'Antoine d'Alauson, seigneur de Roussieu, et demoiselle Débora.

Victor Achard-Ferrus, seigneur de Chauvac, etc., fut l'héritier universel de son père, à la condition qu'il porterait son nom et ses armes. Il épousa en premières noces Renée de Grasse, d'une maison noble de Provence, et ensuite Catherine de Roze. Il testa en 1588 et laissa Jacques-David Achard-Ferrus qui suit, Angélique et Bernardine.

Jacques-David Achard-Ferrus, co-seigneur de Sainte-Colombe, Salles, Penafort, etc., épousa, le 23 janvier 1591, à Mirebel, Aliénor de Parpaille, fille de Claude, seigneur de Molans, et de Simonde de l'Espine. De cette alliance naquirent Jacques-Victor, Claude qui suit, et Sibille.

Claude d'Achard-Ferrus, reconnu noble et maintenu en cette qualité par jugement du sieur du Gué, intendant du Dauphiné, le 8 juillet 1667, fut marié par contrat avec Isabeau de Gay, fille d'Antoine et d'Alexandrine de Pertuis, d'Avignon, le 26 décembre 1647. De cette union sortirent:

I. Jacques-Marie Achard-Ferrus (1695), gouverneur de Nyons, qui s'allia avec Marie-Thérèse de Massot, fille de Jean-Isidore Massot, maréchal-de-camp, commandeur des ordres militaires de St-Louis.

II. Alexandrine des Achard-Ferrus, mariée en 1672 avec François-Ignace de Chabestan d'Alauson, seigneur de Ribeyret, de Sorbiers, etc., dont elle fut la seconde femme.

ACHARD. — Famille noble du mandement de Sassenage: Guillaume Achard vivait en 1300 ; il eut trois fils:

Guillaume qui suit, Didier et Arnaud.

Guillaume, co-seigneur de Veynes en Gapençais, 1334 ; son fils Antoine était co-seigneur du même village en 1350. (Guy-Allard ; *Registre des hommages*, de Pilati, 1334.)

ACHIER. — Noble Guillaume d'Achier est cité dans une *Rev. des nobles*, à Montboucher, en 1458. Humbert était à Valence en 1523.

ACHY. — C'est à tort que Boisseau, dans son *Promptuaire armorial* ainsi que l'*Armorial du Dauphiné*, de M. de La Bâtie, donnent comme dauphinoise cette famille.

ACTUYER. — Famille de Grenoble, descendant d'Antoine Actuyer, secrétaire delphinal en 1408, qui épousa Marie Francon, dite de la Balme, fille de Bertrand et de Guiote Gay.

Jean, fils du précédent, secrétaire delphinal en 1440, épousa Péronette Marc ; il laissa deux enfants :

Antoine, IIe du nom, troisième secrétaire delphinal, 1516, et Marguerite, femme de Guigues Portier, 1482.

Antoine II : laissa Antoine III, secrétaire delphinal, 1516 ; Jeanne qui se maria avec Jean Guion, secrétaire aux comptes, et Marguerite qui s'allia, vers 1524, avec Jean Béatrix-Robert, secrétaire delphinal.

Antoine III fut père de Pons Actuyer, docteur en droit, juge de Grenoble, 1542, et de Marguerite, mariée à Jean Pourret.

Enfin, Pons eut de son mariage cinq enfants : Pierre Actuyer, célèbre avocat, 1569, qui épousa Guigonne Paviot, fille de Jacques et de Catherine de la Vaye, et plus tard, en 1596, Marguerite de Genton ; Claude, Jacques, François, et Félix, religieux du prieuré de St-Martin-de-Miséré et prieur de Corenc, 1593. Michel Actuyer était procureur en la Cour en 1616. Cette famille possédait des biens à Fontaine.

Guy-Allard parle dans ses manuscrits d'une famille noble du nom d'Actuyer, à Chabeuil, en 1334.

C'est par erreur que l'*Armorial* de M. de la Bâtie appelle cette famille Achyer.

ACU. — Humbert *de Acu*, chevalier, habitait dans la vallée du Graisivaudan en 1269. (Brizard.)

ACULÉE. — Nicolas représentait cette famille à Montauban en 1235 (Note de Guy-Allard). — Il prêta hommage au seigneur de Montauban le 9 des kalendes de février 1235.

ADHÉMAR. — Nous ne voulons point passer sous silence l'illustre maison des Adhémar ; mais nous n'en donnerons pas la généalogie, Pithon-Curt l'ayant dressée dans son *Histoire de la noblesse du comtat Venaissin*. Nous dirons seulement qu'elle a donné à l'Eglise huit prélats : Aymar, évêque du Puy, 1095 ; Hugues, évêque de St-Paul-trois-Châteaux, 1328 ; Amédée, évêque de Grasse, 1325 ; Aimar, évêque de Metz, 1366 ; Guiot, évêque d'Orange, 1469 ; Guillaume, évêque de Saint-Paul-trois-Châteaux, 1483 ; François Adhémar, évêque de St-Paul-trois-Châteaux, 1630, et Louis-Joseph Adhémar de Monteil, évêque de Carcassonne, mort en 1722.

Aymar était abbé d'Aiguebelle vers 1170 ; Agout Adhémar, prieur de Donzère et de St-Martin-de-Miséré, 1225 ; Lambert, prévôt de St-Paul-trois-Châteaux. Les quelque sceaux connus de cette famille sont ceux de Lambert Adhémar, seigneur de la Garde, 1177, fils de Guillaume-Hugues Adhémar, qui y portait : *de gueules à trois croix de Toulouse*, à la différence de ses cousins qui avaient d'*or à trois bandes d'azur*.

Celui de Giraud Adhémar, V^e du nom, co-seigneur de Monteil et de Grignan, 1215, représentait un cavalier armé avec cette légende : ✛ SIG . GERALDI ADHE-

MARI, et au revers : MASS . V. ... C . MITIS, avec les armes des Adhémar, c'est-à-dire trois bandes. Un autre sceau du même seigneur portait cette légende : SIGILL. GERALDI ADEMARI, et au revers : VICECOMITIS MA-SILLIA, avec un demi-château où tour carrée, jointe à un pan de mur.

Aux archives de la préfecture de l'Isère, existe la bulle de plomb de Gerard Adhémar, appendue à une charte de juin 1222. Légende : SIGIL/ LVMGE/ RAL-DIA/ EMARI . ꝶ . MATEVS ME FECIT. Un cavalier armé, tenant une lance de la main droite et un bouclier de la gauche.

Le sceau de Girardet Adhémar représentait ce seigneur à cheval, la lance à la main. Au contre-sceau étaient gravés ces mots : SIGILLVM GIRARDI ADEMARI (bulle de plomb, 1228).

Il existait aussi une bulle de Gerard, appendue à une charte de 1280. Elle portait gravés ces mots : SIGILLVM DOMINI MONTILII. Au ꝶ, on voyait Gerard à cheval.

La bulle de Lambert Adhémar avait cette Légende : SIGILLVM . LAMBERTI . ADHEMARI DNI . MONTILII. Lambert à cheval avec ses armes, qui étaient une croix patelée, 1280.

Aux archives déjà citées, on trouve un petit sceau rond, appendu à un acte de 1320, ayant pour légende : ✝ SI-GILLVM GIERAVDI ADEMARI; un écu chargé de trois bandes dans un entourage gothique. Sur un compte de châtellenie, nous en trouvons un autre plus grand et plaqué, représentant les mêmes armes dans un entourage du même genre, contenant autour de l'écu divers animaux. La légende est presque effacée ; on peut cependant lire : ✝ S' CURIE GIRAUDI ADEMARI MILIT : MOTILII.

A une charte de 1321 était appendue la bulle de Girard Adhémar de Monteil ; il était représenté à cheval, et le sceau portait cette légende : S . GIRALDI . ADHEMARI DNI MONTILII.

Plus tard, en 1354, nous trouvons le sceau de Giraud Adhémar : il est à cheval, tient d'une main une épée ; de l'autre un écu à ses armes, qui sont d'or à trois bandes d'azur ; de l'autre côté sont gravés ces mots : GI RAVDI ADEMARII MILITIS . DOMINI MONTILII.

Boisseau, dans son *Promptuaire armorial*, donne à Adhémar de Monteil, évêque du Puy, les armes suivantes : *Ecartelé au 1 et 4 d'azur, à la crosse d'argent, senestrée d'une épée en pal, de même au 2 et 3 de gueules au lion d'argent.* (p. 15, n° 7.)

Le sceau d'Aymar, évêque de Metz en 1328, représentait un évêque assis, vu de face, mitré, crossé et bénissant, et accompagné de trois écus : deux aux flancs, un à la pointe ; tous les trois chargés de trois croix de Toulouse ; mais celui à dextre a, de plus, une crosse en pal, brochante : S'. ADEMARI . DEI GRA . EPISCOPI METEN. (Archives de l'Empire ; coll. de sceaux par Drouet d'Arcq.)

François Adhémar de Monteil, évêque de Saint-Paul-trois-Châteaux en 1630, portait : *Ecartelé au 1 d'or à trois bandes d'azur*, qui est Adhémar ; au 2, *de gueules au château d'or, maçonné de sable, donjonné de trois petites tours d'or*, qui est Castelane ; au 3e *de gueules au lion rampant d'argent, au franc quartier d'hermines*, qui est de Montfort de Bretagne ; au 4e, *de gueules à la croix alaisée d'or, cantonnée de quatre quintes feuilles de même*, qui est de Campo-Basso.

Louis-Joseph d'Adhémar de Monteil, évêque de Car-

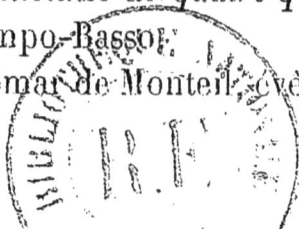

cassonne, mort en 1722, portait : au 1er, de Castelane ; au 2e, de Montfort ; au 3e, de Campo-Basso ; au 4e, d'Ornano, et sur le tout d'Ahémar. (*Mandement*).

Au château de Grignan, on voit, sur la cheminée de la grande salle, les armes des Adhémar surmontées de cette légende ciselée dans la pierre : *Christus rex venit in pace, et Deus homo factus est.*

ADON. — Un *Ado miles* paraît dans une charte du cartulaire de St-Barnard, de Romans, en 1096. (Page 111). Andrier Adon habitait le Trièves ; il mourut en 1363 sans laisser d'enfants.

AFFRINGES (D'). — Bruno d'Affringes, d'une famille noble, naquit à Saint-Omer ; il fut prieur de la Grande-Chartreuse, et mourut le 5 mars 1632, à l'âge de 82 ans. Il portait : *d'azur à une fasce d'or accompagnée de trois étoiles de même en chef et d'une grue d'or en pointe.*

AGAR. — Alphonse Agar vivait en 1215 au comtat Venaissin. Rostaing, son fils, fut évêque de Cavaillon. Guillaume, évêque de Grasse, 1294. Victorin, prieur de Tulette, 1660.

Cette famille a formé plusieurs branches ; celle des seigneurs de Séderon appartient à notre province.

De gueules à une molette d'éperon de huit rais d'or, au chef d'azur chargé d'une croix pommetée d'or.

AGNAN (Saint-) ou AIGNAN, célèbre évêque d'Orléans au vie siècle, naquit à Vienne en Dauphiné, de parents illustres. Armes : *d'azur au sautoir d'argent, chargé d'une croix de sable.* (Promptuaire de Boisseau.)

AGNEL ou AGNÈS ou AGNAN. — Très-ancienne famille noble du Briançonnais, dont nous trouvons la première mention dans la transaction passée entre le Dauphin Guigues André et l'archevêque d'Embrun, Raymond III en 1210. Agni miles et W. Agni moine. (*Essai sur la ville d'Embrun*, par l'abbé Sauret, p. 488.) Guillaume vivait en 1262 (Probus); son fils Jean, 1314, laissa cinq enfants : Louis, 1340, père de Randonne ; Jacques qui suit, Albert, et Bertrand Agnel, juge-mage de Gap, 1362, qui forma une branche.

Jacques Agnel, 1351, Louis et Guillaume ses fils, 1370, Louis père de Jean et d'Hugues, 1389 ; Jean laissa Louis II du nom, 1399, qui lui-même eut Louis III qui suit et Pierre Agnel, 1428, habitant à Saint-Clément dans l'Embrunois ; il laissa Michel 1460 ; Pons, fils de Michel, eut Pons II, 1630, et enfin François, fils de ce Pons, vivait en 1688.

Louis Agnel III, 1450, épousa Divonne Lombard, fille de Jean et d'Alinote....? De ce mariage naquit Obert, 1488, père de Simon, co-seigneur de Bardonnenche, 1506. Simon eut trois fils : Jean-Louis, châtelain et co-seigneur de Bardonnenche, 1536 ; Oronce, 1541, et Pierre Agnel.

Bertrand Agnan, juge de Gap, 1362, laissa Jean co-seigneur de Sigotier, 1380, et celui-ci Jean II du nom, 1413.

La branche formée par Bertrand, juge de Gap, portait *d'azur au chevron d'or accompagné en pointe d'un agneau d'argent.* (Guy-Allard, etc.)

AGOULT. — Voir, pour la généalogie de cette illustre famille, Lachenaye-des-Bois, Pithon-Curt, l'armorial de M. de la Bâtie.

AGRICULTURE (Société d'). — Le cachet de la Société d'agriculture de Grenoble représente, dans une couronne d'épis, une charrue surmontée d'une tête de bœuf, et cette légende : SOCIÉTÉ D'AGRICULTURE DE GRENOBLE.

AI. — Hugues d'Ai, chevalier, est cité dans un titre du Cartulaire de Léoncel, en 1163. Berard d'Ai, damoiseau, paraît comme témoin dans une charte donnée au même monastère en 1283.

AIGLARD. — Un Claude Aiglard, chevalier, habitait Marsanne en 1461. (*Rev. de feux.*)

AIGLE IMPÉRIALE. — Société de secours mutuels fondée à Grenoble le 1er mars 1856. — Le cachet de cette Société est de forme circulaire et porte cette légende : L'AIGLE IMPÉRIALE, SOCIÉTÉ DE SECOURS MUTUELS, GRENOBLE. Dans le champ, une aigle impériale.

AIGUEBELLE — On trouve, en 1200, un Joffrey d'Aiguebelle présent à la donation que fit le comte de Savoie à l'hopital du Mont-Cenis. (*Hist. de Savoie*, par Guichenon.)
Un Gédéon, juge au comté de Savoie, en 1285 (invent. de l'abbaye de Laval de Bressieux). Nous n'osons affirmer que ces deux personnages se rattachent à notre famille dauphinoise. Quoi qu'il en soit, nous savons qu'Humbert d'Aiguebelle habitait le Gapençais en 1376, et qu'un de ses descendants, Bertrand, épousa Jeanne de Vausserre ; de ce mariage naquit François, mari en premières noces d'Antoinette Sylve, fille de Pierre, du lieu d'Upaix, et ensuite d'Agnès Bayle. Il laissa de son premier lit Pierre qui épousa, le 20 juin 1515, Diane de Mianes, fille de

Charles et de Romaine de Senas. Son fils Charles, par son mariage avec Catherine Richière, fille de Michel et de Jeanne Flotte, devint co-seigneur de Montgardin ; son frère Roch, sieur de Villosc, n'eut pas d'enfants, croyons-nous. Charles, dont nous venons de parler, fut père de six enfants :

1, Antoine qui suit ; 2, Michel, prieur de St-André-en-Royans, 1588 ; 3, César, sieur de Rourebeau ; 4, Louis qui suit, sieur de Roison, mari de Jeanne Roux, 1621 ; 5, Charles, époux de Marguerite Baud, 1621, qui, après en être devenue veuve, s'allia avec Humbert de la Vilette, capitaine au régiment de Bonne, le 22 mars 1642; enfin, 6, Agésilan, surnommé *Pied-Gerbaud*, mourut enseigne au combat de la Pérouse.

Antoine d'Aiguebelle, fils de Charles, seigneur de Montgardin et de Saint-André-la-Fressinière, épousa, le 20 juin 1621, Lucrèce de Bachy, fille de Frédéric, seigneur de Baudemont, et de Marguerite de Barras. Il ne laissa pas d'héritiers.

Louis, quatrième fils de Charles, perdit la vie au siége de Cavour. Son fils César, sieur de Baudemont, épousa Marie de Bachy, sœur de Lucrèce. De ce mariage naquirent : 1, François, marié à Angélique Longteron ; il laissa Etienne, écuyer, 1677.

2, Frédéric, sieur de Baudemont, se distingua dans le régiment de Sault qu'il commanda très-longtemps ; 3, Alix épousa, le 14 avril 1652, Arnoux de Viennois ; 4, enfin, Lucrèce. Là se termine la famille d'Aiguebelle.

AIGUEBELLE (N.-D. d'). — Abbaye de Bénédictins fondée, en 1032, par Hugues Adhémar de Grignan ; détruite par la Révolution et rétablie en 1816.

Armes : *d'azur à la vierge d'or posée sur un pont à deux arches d'argent, maçonné de sable.*

Sceau moderne : entre deux filets cette légende : SIGILLVM, CONVENTVS B. M. AQUÆBELLE DE TRAPPA. ORD. CIST. (DROME). Dans le champ, *un écusson d'azur chargé de la vierge immaculée*, accolé de la mitre et de la crosse ; au-dessous, un pont à une arche ; autour de l'écu : POSUERUNT. ME CUSTODEM.

AIMAR ou AYMARS (des). — Raymon Aimar vint du Vivarais s'établir en Dauphiné, en 1446 ; il laissa Raymond Aimar qui suit, et Aimar Aymon habitant de Manas, en 1474.

Raymond Aimar (1470) eut Antoine Aimar qui suit, et Françoise mariée à Pierre de Prélamale ;

Antoine (1526), épousa Vitalle Gros, de laquelle il eut : François, Claude, Antoine et Etienne des Aimars ; ce dernier, qui vivait en 1580, eut cinq enfants : 1, François ; 2, Jean-Louis qui suit ; 3, Denis, sieur du Moulin, bailli d'Annonay, 1589, qui épousa, le 1er septembre 1589, Isabeau Mounier, fille de Guigues et de Françoise Durand ; ils eurent : Gilbert Fabian des Aimars, sieur du Moulin, marié en 1646 à Louise de Bombardier, Claudine, Catherine et Denis.

Jean-Louis des Aimars, fils d'Etienne, épousa, en 1607, Blanche Merle ; il laissa : 1, Denis, mort sans enfants ; 2, Jean-Louis des Aimars, deuxième du nom, marié à Suzanne-Marie Fournet, le 7 novembre 1648, et père de Laurent, au service du duc de Savoie dans la compagnie de M. de Vaux, et de Marguerite, nés les 3 octobre 1649 et 21 février 1651 ; 3, Henri, père de Louis ; 4, Marguerite ; 5, Françoise.

Jacques des Aimars du Moulin, chevalier, officier de

cavalerie, fils de noble Venance des Aymar et de Louise de Fontbonne, épousa, le 29 octobre 1769, Catherine-Reine de Coston.

AIMAR. — Famille noble du Graisivaudan. Hugues Aimar vivait en 1326. Pierre et Guillaume, 1339. Lantelme, parmi les nobles d'Avalon, en 1345. Pierre vivait en 1450; son fils Pierre en 1482. Ce dernier laissa deux enfants : Pierre, 1511, et Thibaud. Pierre, quatrième du nom, eut Claude, écuyer, habitant d'Avalon en 1511 et 1549. Marguerite Aimar fut la deuxième femme de Guillaume de Meuillon.

AIRE (de Area). — Famille du Forez qui a donné au Dauphiné un Guillaume, seigneur de Cornillon, chambellan et conseiller du roi, gouverneur du Dauphiné en 1407, et Pierre de l'Aire, qui fut abbé de Saint-Antoine de Viennois en 1493.

Le sceau de Guillaume de l'Aire, gouverneur du Dauphiné, représentait ce personnage debout armé de toutes pièces, portant dans sa main droite un écusson écartelé de France et de Dauphiné; dans le champ à droite un casque, à gauche, un écusson représentant ses armes qui étaient *d'argent au lion de gueules*. La légende est effacée; le sceau, de forme ronde, est plaqué et appendu à un acte sur papier, de l'année 1409. (Archives de la préfecture de l'Isère.)

AIX. — Hugues d'Aix, fils d'Almonde, sœur de Raymond II de Meuvouillon, mourut en 1224; Isoard et B. d'Aix vivaient en 1240. Sibille d'Aix acheta de Guillaume Alleman, en 1297, la terre de Fouillans. Le Dauphin inféoda le château de Remusat, le 7 mars 1301, à Hugues d'Aix. Une Sibille d'Aix fut la mère de Guigues Alleman. 1321. Artaud d'Aix vivait en 1350.

ALAUSON. — Ancienne famille dauphinoise, représentée, en 1267, par Guillaume Alauson, qui eut une fille nommée Jeanne.

Gerenton d'Alauson vivait en 1347 ; il laissa deux fils : le premier, François a fait branche ; le second, Ferrand, épousa Antoinette, fille de Raymond Etienne, seigneur de Piégon.

François, dont nous venons de parler, épousa Gerontonne...... vers 1368, de laquelle il eut : Rostaing, Richard, et Catherine mariée à Berenguer de Rosans ; leurs fils Gerenton et Jordan formèrent deux branches :

I. Gerenton de Rosans, 1413, eut deux fils : le premier, Antoine, châtelain de Montauban et de Sainte-Euphémie, n eut pas d'héritiers ; le second, Jean (1448), laissa Antoine, seigneur de Roussieu et de Montferrand (1480), qui laissa deux enfants, Antoine qui suit et Marie femme de François Achard, seigneur de Montaut ; Antoine, deuxième du nom, seigneur de Roussieu (1510), épousa Jeanne Achard, fille d'Antoine, seigneur de Penafort, et d'Honorade Ferrus. De ce mariage naquit Fouquet d'Alauson, allié à Louise Gruel.

II. Jordan de Rosans d'Alauson, seigneur de Sorbiers, laissa Antoine (1447), qui eut Pierre qui suit, et Jeanne, épouse de Guillaume d'Urre, seigneur de Molans.

Pierre (1489) laissa Gerenton, mari de Boignette de Joannis, de laquelle il eut deux fils et une fille : 1, Louis, seigneur de Ribeyret et de Sorbiers, mort sans hoirs ; 2, Louise épousa Vincent de Chabestan et porta, par cette union, le nom d'Alauson à la famille de son mari ; 3,

Clémence, femme de Guillaume Bouvard de Vaureas. Elle testa le 13 septembre 1563.

ALBA. — On trouve dans le cartulaire de St-Barnard de Romans (t. II, 1re part., p. 173), un seigneur nommé *Nicolaus Constant de Alba, legum doctor.*

ALBAN.—Etienne Alban, notaire, est qualifié noble; son fils Hector était écuyer à Theys, 1562. Il épousa Jeanne d'Arces, fille de François d'Arces. (G. A.)

ALBAUT Pierre, écuyer, avait un fief à Marsanne; il en fit hommage au Dauphin le 24 fév. 1446.

ALBERION. — Noble Guillaume Alberion vivait en 1334. François habitait Vinay; il est porté dans la révision générale des nobles de Dauphiné en 1458.

ALBERON. — Noble Guillaume Alberon de St-Nazaire en Royans vivait en 1390; il testa le 27 juillet 1429 et fut enterré, comme il le désirait, dans le couvent des Augustins de Beaurepaire; il mourut sans enfants.

ALBERT. — On trouve Richard Albert, chevalier, habitant de Theys en Graisivaudan, en 1230; Guigues, son fils, prieur de Champ, 1310; Lambert, fils de Guigues, 1280, laissa Jordanel, qui épousa Béatrix Bally, d'où Richard Albert, 1315, père de Jean Albert; celui-ci possédait une maison forte à Theys; il prit le surnom de Tencin, qui fut porté dans la suite par ses descendants; il épousa en 1339 Catherine Léopart. Richard Albert avait encore un autre fils, nommé Guillaume; celui-ci n'eut qu'une fille, mariée en premières noces à Jean de Portetraîne, ensuite à Falcoz de Vourey.

De Jean Ier Albert, dit Tencin, sont venus : Leutzon Albert, dit Tencin, 1366, mari de Nicole Navaisse, fille de Jean. Ils eurent pour fils : Leutzon II qui suit et Antoine mort sans hoirs. Leutzon II Albert de Tencin, 1389, laissa Antoine Albert et Leutzon...; à cette époque, la branche des Albert de Tencin se divisa, par ces deux personnes, en deux branches :

Antoine Albert de Tencin épousa, vers 1427, Claudine d'Herbeys, fille de Gonon et de Catherine Bigot; de ce mariage naquirent Antoine II Albert qui suit, et Marie, épouse d'Antoine d'Arces, seigneur de Burlet. Antoine II Albert (1441), co-seigneur de Navaisse, laissa.... Albert, 1486, qui lui-même eut André, 1530, père de Jean II, 1571. Jean III Albert, son fils, vivait en 1616 ; il laissa une fille, mariée à Louis de Levesie.

Leutzon Albert de Tencin, fils de Leutzon IIe du nom, épousa Olinode de Galles, 1413, d'où est issu Jean Albert de Tencin qui suit, et Pierre.

Jean Albert de Tencin laissa trois enfants : Louise, mariée à Guion d'Arces; Antoine, 1460, et Leutzon Albert. Antoine eut pour fils Leutzon, 1499, père de Claude Albert, 1525 ; celui-ci épousa Jeanne de Chabassol, fille de Perrin, co-seigneur de Savines. De ce mariage sont issus : Jacomin Albert qui suit, Joseph, ecclésiastique, Antoinette et Falquette. Jacomin Albert laissa Osée Albert, co-seigneur de Savines, 1590, qui s'allia à la maison d'Artaud par son mariage avec Jeanne Artaud.

César Albert ajouta à son nom celui de sa mère, 1630, et son fils, François-Albert-Artaud de Montauban, 1660, seigneur d'Alauson, épousa Antoinette de

Draguignan. La branche Albert-Artaud, dit l'Armorial du Dauphiné, existait en 1700.

N. d'Albert de Rions était major de Die et co-seigneur de Belle-Combe en 1776. François-Hector, comte de Rions, chef d'escadre, chevalier de St-Louis, né à Saint-Auban en 1728, mourut à Anneyron, le 3 oct. 1802.

Armes : d'*azur au lion d'argent.*

Une autre branche des Albert existait dans le Valentinois, vers 1200. A cette époque, Reymond Albert épousa Raymonde Falcone de laquelle il eut : Rostaing Raymond, 1247. Nous trouvons ensuite Raymond, qui épousa une Reymonde. Ils eurent pour enfants Reymonet, Jordanne, Béatrix et Cécile. Claude Albert habitait Luc en 1458.

Armes : *d'argent à trois roses de gueules en chef*.

Autre branche des Albert, co-seigneurs de Savines :

Guillaume, Humbert, François, Pons, Guigues et Guillaume Albert, vivaient dans le Briançonnais en 1311 et 1320.

Rodolphe Albert, co-seigneur de Savines, 1316, eut pour fils Jacques Albert, co-seigneur de Savines et de Châteauroux, 1334 (*Reg. de Pilati*). Son fils, Morin Albert, s'unit à Catherine de Montlahuc, fille et héritière de Reynaud ; ils laissèrent Reynaud, 1390, et Mondon. Reynaud eut pour fils Claude Albert, qui épousa Marguerite Rambaud, fille d'Humbert (1426). De ce mariage naquirent : Antoine Albert qui suit, Jean, Pierre, ecclésiastique, et Béatrix, femme de Pierre Reynier ; Antoine Albert, 1470, laissa Antoine, et Pierre, qui épousa en 1520 Claire de la Vilette, fille d'Antoine, co-seigneur de Veynes, et d'Estiennette Perdrix ; Françoise, et Jean Albert commissaire des guerres (1554), furent leurs enfants. Ce dernier, marié à Françoise de Montauban, fille de Jean, seigneur du Valgaudemar, laissa deux filles : Magdeleine, qui épousa Joachim de Montgros, et Louise, femme de François de Chervil, tous deux du Languedoc.

On trouve encore André Albert, co-seigneur des Crottes en 1511 ; il a été le bisaïeul d'Anne Albert, mariée à Louis de Levesie.

Armes : *Coupé au premier de gueules au lion d'argent, lampassé de sable; au deuxième palé de gueules et d'argent de six pièces.*

D'après une note manuscrite que nous trouvons dans le 9e volume de documents relatifs au Dauphiné (Bibl. de Grenoble), la maison d'Albert, de l'Embrunois, avait les armes suivantes : *d'azur à la fasce ondée d'or, accompagnée de trois étoiles d'or en chef et de trois roses de gueules en pointe.*

Les armes de la famille Albert, à l'exception de ces dernières, sont données par M. de La Bâtie dans son *Armorial.* Nous ne les citons que pour distinguer les branches de cette maison.

ALBERT. — Cette famille, originaire de Florence et passée plus tard en Provence, a donné au Dauphiné un sénéchal de Valentinois, nommé Thomas Alberti, qui fut appelé à cette charge par lettres du roi datées du 17 mars 1446.

Jean Alberti, damoiseau, dit l'Aîné, fils de Thomas, occupa, en l'absence de son père, la place de vibailli du Valentinois.

Jean Alberti, chevalier, fils de Thomas et frère de

Jean, acquit de Henri, dit de Sabran, le château de Montmerle, en Dauphiné.

Charles, religieux, était sacristain de Tulette et prieur de Rousset, en 1454.

Jacques Albert, chanoine de Viviers, fut, en 1460, collecteur des deniers pontificaux dans la province de Vienne.

Louise d'Albert, veuve de Jean Claris, fit diverses fondations, en 1454, dans l'église des Cordeliers de Valence, déjà dotée par son mari d'une chapelle sous le vocable de Sainte-Barbe.

Honoré d'Albert, seigneur de Luines en Provence, obtint, par un brevet daté du 4 octobre 1571, le gouvernement de Château-Dauphin.

Marie-Thérèse d'Albert, fille de Charles-Honoré d'Albert, duc de Luines, épousa en deuxièmes noces, au mois d'août 1698, Ismidon René, comte de Sassenage, lieutenant-général en Dauphiné.

Armes : *d'or au lion couronné de gueules.*

ALBI. — Nobles Claude et Pierre Albi fondèrent des anniversaires dans l'église de St-Maurice de Vienne, 1449, 1549. Antoine habitait la Côte-Saint-André en 1458 ; un autre du même nom, damoiseau, écuyer du roi de France et seigneur de Boys, habitait Vienne en 1471, et Pierre à Allevard, en 1459. Pierre Albi était curé de Bernin, 1511.

(Arch. de l'Ev. de Grenoble. Révision des nobles du Dauphiné en 1458.)

ALBIAC. — Cette famille a donné au Dauphiné un abbé de St-Félix de Valence, du nom de Guy d'Albiac, en 1426. Armes : *de gueules à la bande d'argent accompagnée de deux lions d'or.*

ALBIBION. — Humbert d'Albibion, de Beauvoir en Royans, est porté parmi les nobles du Dauphiné, 1458.

ALBIN. — Jacquemon Albin épousa, vers 1289, Similie d'Arces et laissa : Ramus Albin, qui combattit à Varey en 1326. Pierre Albin, damoiseau, se trouve indiqué parmi les nobles de la Buissière en un rôle de 1396. Marie Albin épousa Jacques de Falcoz en 1447.

ALBON.— Famille du Lyonnais dont André d'Albon, chevalier, seigneur de Curis, épousa Sibille de Moissons, fille de Pierre, chevalier, seigneur de Moissons en Dauphiné, 1250.

André d'Albon était prévôt de St-André de Grenoble en 1270.

Girard d'Albon, chanoine de St-Paul-trois-Châteaux, fut fait trésorier du Dauphiné, le 8 de février 1351.

Henri d'Albon s'était uni à Blanche de St-Priest en Dauphiné, fille de Gilles Richard, chevalier, seigneur de St-Priest, 1361.

Reynaud d'Albon, fut abbé de St-Ruf en Dauphiné, en 1387.

Jacques d'Albon, seigneur de St-André, marquis de Fronsac, comte de Vallery, maréchal de France, était lieutenant général du Dauphiné en 1544.

Pierre d'Albon, seigneur de St-Forgeux, épousa en deuxièmes noces, le 3 septembre 1620, Marthe de Sassenage, fille d'Antoine, baron de Sassenage, et de Louise de la Baume-Suze. Ce Pierre d'Albon avait eu de son premier mariage avec Anne de Gadagne : Antoinette, mariée, 1° en 1626, à Geoffroy de la Guiche, seigneur de Chitain, tué en duel en 1628 ; 2° à François, baron de Sassenage, marquis de Pont-en-Royans. (La Che-

naye-des-Bois, pag. 268.) Cette famille possède aujour-
d'hui la terre de Septême qui lui vient de la maison de
Viennois, à la suite du mariage contracté par le marquis
d'Albon, pair de France, avec Thérèse-Alexandrine-Emi-
lie de Viennois, dernière de son nom. (*Armorial* de M.
Rivoire de la Bâtie.)

ALBORGIA.—Pierre de Alborgia était membre d'une
famille noble, habitant Beauvoir-en-Royans. (*Révision
des nobles*, 1458.)

ALBREL. — Rosset d'Albrel (de Albrela) rendit hommage au Dauphin en 1334. Il est qualifié damoiseau,
et habitait à cette époque la terre de La Tour.

ALBY. — Alby, de l'élection de Valence, vivait en
1639. François Alby était prieur de St-Marcellin-d'Etoile
en 1649. Antoine Alby, trésorier de France, 12 juillet
1637. Jean-Pierre Alby, de Valence, son fils, trésorier
de France en la généralité de Dauphiné, épousa Anne de
Montmarte en 1659.

ALCONIL. — Noble Etienne de Alconil, *miles*, habitait le Graisivaudan en 1365.

ALDEBRAND. — Aldebrand II, évêque de St-Paul-
trois-Châteaux qui vivait en 792, portait *d'or à l'aigle
éployé de sable*, qui est de l'empire, armes de concession
données à cet évêque et à ses successeurs par l'empereur
Lothaire.

ALEIRAN. — Astorge et Guillaume Aleiran sont qua-
lifiés damoiseaux en un hommage du 19 mars 1335.

ALEISSA. — Chabert et Pierre d'Aleissa, chevaliers,
vivaient en 1163; Guigues, en 1164, et Jordan, en

1192. Ces seigneurs sont peut-être membres de la famille d'Alixan dont nous allons parler.

ALEMANSIER. — Raymond Alemansier, précepteur du temple de Valence en 1259, portait pour armes *un écu chargé de trois fasces*. (Archives des Bouches-du-Rhône.)

ALÈNE. — Famille noble du Dauphiné. Jean d'Alène est inscrit dans une révision des nobles en 1485 ; il habitait Beauvoir-en-Royans.

ALÉSIO. — Un seigneur nommé Monaud *de Alésio*, damoiseau et fils d'Amédée, possédait des biens à Vacin, en 1294 (diocèse de Die). (Archives de la préfecture de l'Isère.)

ALEVA. — Noble Joffrey d'Aleva paraît comme témoin dans un acte de 1433, reproduit par Salvaing de Boissieu dans son ouvrage intitulé : *De l'usage des fiefs*.

ALEX. — Famille noble dont nous trouvons : Amédée, habitant de Montoison en 1266 ; Morand et Raymondet, en 1290 ; Antoine, écuyer, châtelain de Montoison, en 1401 ; Pierre-Claude, aïeul de Berenquette, mariée à Falcon de Montchenu, 1480.

ALEXANDRE. — Noble Alexandre, seigneur de Saint-Didier, vassal de la baronnie de Clérieu, vivait au XIVᵉ siècle. (A. de Gallier, *Essai sur la baronnie de Clérieu*.)

ALFIN. — Cette famille habitait Montfort ; Guigues vivait en 1339 ; Jean, en 1450.

ALGOUD-ARGOUD. — La branche mère de cette maison était du Graisivaudan. Aymon Algoud est qualifié d'homme lige du comté d'Albon, en 1262. Vionet et Jacob étaient fils d'un Pierre, habitant de Morestel, 1334. Pons, Richard et François sont inscrits au nombre des nobles de Morestel, en 1339. Ponet était à Allevard la même année. Jean et François, fils de Lantelme, vivaient en 1350. Jacquemet, fils de Pierre, de Morestel, en 1350. Marguerite Argoud, veuve de Guillaume Chabert, de Villard-Bonnot, 1380. Enfin, Claude Argoud, habitant de Grenoble, fut le dernier de cette branche. Cette noble famille a donné cinq doyens au chapitre de Saint-Maurice de Vienne. N. d'Argout était abbesse de Sainte-Claire de Vienne en 1787.

Nous connaissons le petit sceau de Claude d'Argout, doyen de St-Maurice en 1659; il représente les armes des d'Argoud, *d'azur à trois faces d'or, dans un écusson accolé d'une crosse tournée en dehors.* (Pour les autres branches, voir Lachenaye-des-Bois.)

ALIAN. — Noble Pierre Alian fit un hommage à Jean Dauphin, comte de Gap, le 5 mars 1297.

ALITUO. — Jean *de Alituo* est porté dans la révision des nobles du Dauphiné, en 1458.

ALIXAN. — On trouve Ponce, chevalier; Pierre et Jordan d'Alixan, en 1193 et 1195; W. d'Alixan, en 1214. Odon d'Alixan, damoiseau, paraît plusieurs fois dans le cartulaire de l'abbaye de Léoncel, monastère auquel il fit diverses donations, 1246.

Richard d'Alixan, chanoine de St-Pierre-du-Bourg, 1248; Guidonet vivait en 1251; Richard, chevalier, en 1261; Chabert d'Alixan épousa dame Rienz, il habitait

3

le château d'Alixan en 1264. Chabert était chanoine de St-Pierre-du-Bourg en 1285. Pierre, moine, est présent à un acte de 1283. Hugues, aussi religieux. vivait en 1303. Bernard était notaire en 1323.

Noble Armand d'Alixan fut choisi comme arbitre, pour une querelle qu'avaient les Chartreux du Val-Ste-Marie et de puissants seigneurs leurs voisins, 1341.

Armes : *Un lion passant.* Le sceau d'Odon d'Alixan porte cette légende : S . ODO D'ALEISA., *un lion passant.* (Cartulaires de Leoncel et de St-Pierre-du-Bourg, publiés par M. l'abbé Chevalier ; Cartulaires de St-Robert et des Ecouges, publiés par M. le chanoine Auvergne ; Cartulaire de St-Barnard de Romans, publié par M. Giraud, etc.)

ALLARD. — (Voir, pour la généalogie de cette maison, Lachenaye-des-Bois, et l'*Armorial* de M. Rivoire de la Bâtie.)

ALLARD DU PLANTIER. — (Voir, pour la généalogie de cette famille, l'*Armorial* de M. Rivoire de la Bâtie.)

ALLAUD. — Noble Hugues Allaud était du Briançonnois ; il vivait en 1339.

ALLEGRET. — Voir pour cette famille, l'*Armorial* de M. Rivoire de la Bâtie.

ALLEMAN. — Il est peu de familles de notre province dont le nom revienne aussi souvent dans nos annales dauphinoises que celui des Alleman. On dit qu'Isarn, évêque de Grenoble, les appela pour chasser les Maures de son diocèse. Quoi qu'il en soit, notre intention n'est pas de donner ici la généalogie de cette

famille. Lachenaye-des-Bois, M. Quicherat et beaucoup
d'autres auteurs ont consacré à cette noble maison de
longs détails généalogiques. Nous voulons simplement
nous borner à citer les monuments qui nous rappellent
cette illustre race et qui nous en donnent les armoiries.

L'Eglise de Grenoble, dirigée à différentes époques
par des Alleman, conserve, sculpté dans sa cathédrale,
le blason de cette maison ; il se trouve aussi sur l'ancien tombeau des évêques de Grenoble, soutenu par
deux anges et surmonté de la mitre et de la crosse. Ce
tombeau, découvert lors de la démolition de l'évêché
en 1804, servait de dalle à l'escalier principal. Le blason est sculpté au-dessus du portail de la chapelle de
Notre-Dame de Champ, près de ce village ; à la Plaine,
près de Grenoble, dans le cloître des religieux Minimes, il est représenté en divers endroits. Ces armes furent conservées pour armoiries par ce couvent en sou-
venir de leur fondateur, Laurent I Alleman, évêque de
Grenoble ; seulement ils ajoutèrent au-dessous le mot
Minimes. Elles se trouvent encore sur le portail de l'é-
glise de St-Donnat.

Quelques sceaux de cette famille nous sont parve-
nus. Valbonnais, dans son *Histoire du Dauphiné*, reproduit le sceau d'Eudes Alleman ; il représente un écu
semé de fleurs de lis à la bande d'argent. La légende était
SIGILLUM. ODONIS. ALLAMANDI DOMICELLI.

Au bas du sceau de l'officialité de l'évêché de Grenoble, on voit les armes des Alleman, 1445. Le sceau
d'Aymon Alleman, de Champ, est plaqué sur un compte
de châtellenie en 1448. On peut y lire ces mots : A....
ALAMANDI...; dans le champ, l'écusson des Alleman
entouré d'une couronne d'olivier.

Le sceau d'Ennemond Alleman de Montmartin, évêque de Grenoble en 1708, porte cette légende : ENNE-MVNDVS ALLEMAND EPs ET PRINCEPS GRATIANs. Dans le champ, les armes des Alleman.

Les différents ouvrages religieux, publiés par Laurent II Alleman, évêque de Grenoble (1513-32-48-52), portent ordinairement, au recto du premier feuillet, les armes de cette famille. A la fin du bréviaire de Grenoble, publié en 1552, se trouvent les mêmes armes auxquelles on a ajouté une main sortant d'un nuage et tenant un livre ouvert. Autour de l'écu, ces mots: DEO ET IMMORTALITATI. Plusieurs ouvrages portent sur leurs plats les armes de l'évêque Ennemond Alleman de Montmartin. Au XVIIe siècle, l'écusson des Alleman était peint dans une des salles du palais archiépiscopal d'Embrun ; il était surmonté d'une tête de cerf.

ALLEMAN. — Famille du comtat Venaissin. Guy-Alleman, de cette maison, était protonotaire apostolique et prévôt de l'église d'Embrun en 1473. Il mourut en 1503.

Armes : *Ecartelé au 1-4 d'azur à trois bandes d'or, au 2-3 de cinq points d'or équipollés à quatre d'azur.*

ALLÉOUD. — Famille de Die, anoblie en 1620, en la personne de François d'Alléoud, sieur d'Ancelle, qui eut de Marie de Rastel, fille de noble Mathieu et de Jeanne de la Tour Gouvernet : Jean-Louis qui suit, Jeanne, mariée à François Gontin, et René qui épousa Ode de Boniot de Sallière, fille de François ; elle hérita des biens de son mari en 1716.

Jean Louis, sieur de Freyderet, épousa Françoise de Caritat et testa le 28 juillet 1640. Il eut : César qui suit,

Alexandre, Françoise, Olympe, et Marie mariée à M. Lamande ; elle testa en 1731, en faveur de son fils, César-
Antoine Lamande, marié à N. de Chapat.

César eut pour fils Jean-Louis II* du nom, seigneur
d'Aucelon, qui testa en 1722 en faveur de sa sœur Marie,
et Anne, mariée à M. Armand, de qui elle eut Louis.
(*Guy-Allard, Mémoire judiciaire*, l'*Armorial de M.
de la Bâtie.*)

ALLEOUD ou ALLIOUD. — (V., pour cette famille,
l'*Armorial de M. de la Bâtie.*)

ALLEU. — Dans une révision de feux à St-Maurice-
en-Trièves, nous trouvons noble Guillaume Alleu,
1410.

ALLEVARD. — Ancienne famille noble du Graisivaudan de laquelle Jean d'Allevard vivait avant l'an
1100. Rodolphe d'Allevard était chanoine du chapitre
Notre-Dame de Grenoble ; il est qualifié de neveu d'Olric, doyen du même chapitre, 1124, de sorte qu'on peut
conclure, dit M. Pilot, avec une certaine probabilité,
que ce dernier était aussi de la famille d'Allevard. Olric
passa du décanat au siége épiscopal de Die qu'il occupa
en 1139 et 1144. Soffrey et Guillaume vivaient en 1173.
Lambert d'Allevard était évêque de St-Jean-de-Mau-
rienne en 1179 ; il mourut en 1198. Humbert d'Allevard paraît comme témoin dans un acte du *Cartulaire*
d'Oulx en 1205.

Barthélemy d'Allevard habitait ce lieu en 1211.

Hugues vivait en 1217. Humbert fut notaire de la
maison de l'évêque de Maurienne, de 1215 à 1219.

Michel, père d'Hugues, de Jean et de Jordan, vivait

en 1223 ; Humbert d'Allevard était chanoine du chapitre de l'église cathédrale de Maurienne, en 1223. Un Wuilelme d'Allevard possédait une maison à Grenoble, en 1240. Humbert était chanoine de Notre-Dame à Grenoble, en 1251. Pierre d'Allevard vivait en 1258. Soffrey d'Allevard épousa dame Nernenchia ; il eut Soffrey, 1272. Maître Pierre d'Allevard, *jurisperitus*, assista à un acte passé par le chapitre Notre-Dame de Grenoble, en 1273.

Humbert d'Allevard, gardien des Frères Mineurs de Moirans, vivait en 1277.

Barral d'Allevard habitait ce lieu en 1288. Guillaume d'Allevard habitait Grenoble en 1300 ; il eut deux fils : Guillaume et Humbert. Hugone épousa Guillaume Aplagnet, 1320. Marie vivait en 1324. Pierre était à Grenoble en 1350. Hugonet se trouve mentionné dans un rôle de nobles, en 1382. Henri est porté dans la révision des nobles du Dauphiné, en 1449. Antoine d'Allevard, de Vif, épousa vers 1450 Claudine d'Arces.

(Notice sur Allevard, par M. J.-J. Pilot ; Besson ; Nécrologe de St-André de Grenoble ; cartulaires d'Oulx, de Domêne et de St-Hugon ; Guy-Allard).

ALLIER. — Famille noble de Beauvoir en Royans, en 1430. Noble Jean Allier vivait en 1450. (Révision des nobles.)

ALLIER. — Famille noble d'Embrun. Guillaume Allier vivait en 1367.

ALLOIS.—Ancienne famille noble du Briançonnais ; Aimar Allois fit un hommage à Randonne de Montauban, le 14 des kal. de février 1274. Poncet et les enfants de Guillaume se trouvent inscrits dans un rôle des nobles de Briançon en 1339. Jean vivait en 1449 ; Bertrand, son fils, était viguier de Chalent. Charles Allois, conseiller au parlement de Dauphiné, 11 mars 1677. Claude trésorier, 20 mai 1675, et conseiller le 5 mai 1687. Henri Allois, prêtre chapelain de Val-louise, 1725.

ALMÉRAS. — Pierre Alméras, du Viennois, vivait en 1660 ; il laissa une fille nommée Isabeau. Joseph Alméras, notaire royal à Crémieu, 1703, épousa Jeanne Gayan. Françoise Alméras de Crémieu s'allia à Jérôme Cristinol, et en secondes noces à François Michaud, 1759. Joseph Alméras, avocat au parlement et au bailliage de Vienne, eut pour fils le baron Louis Alméras, général de division, grand officier de la Légion d'honneur, commandeur de St-Louis, président honoraire du comité des chevaliers de St-Louis, né à Vienne le 15 mars 1768, mort à Bordeaux le 7 janvier 1828. Le grand'père du général Alméras était avocat au parlement, puis juge de Ste-Colombe. Alméras de la Tour assista à l'assemblée des Trois-Ordres en Dauphiné. Le baron Alméras n'a pas laissé d'enfants ; son neveu, M. Alméras-Latour, héritier de sa fortune et de son titre, occupe aujourd'hui le siége de conseiller à la Cour de Cassation.

(Guy Allard, arch. de l'évêché de Grenoble, notice sur le baron Alméras, par le vicomte Jules de Saintry).

ALOIS. — Alois, chevalier, vivait dans la vallée du Graisivaudan en 1070. Vuandalfred eut pour fils Alois, qui prit le surnom de Domène. Alois de Domène eut trois fils : Hugues, religieux du prieuré de Domène du temps des prieurs Guichard et Pierre de Glezin, Gautier-Cancard, et Guigues Alois, marié à Agnès, de laquelle il eut deux enfants : Pons et Hugues, qui approuvèrent un don fait par leur père au monastère de Domène. Boson et Rodolphe sont mentionnés dans une charte d'Aynard Ier, vers 1070. Vuandalfred et Guigues vivaient en 1119.

(Généalogie de la maison de Monteynard, par Lainé, 1840.)

ALOUIS. — Noble Louis Alouis habitait le Viennois en 1418. Clarette Alouis, fille de Jean, seigneur de Vassieux, épousa, le 13 juillet 1449, Aynard de Moreton.

Armes : *de gueules au coq d'argent couronné d'or.*
(Arbre généalogique ms. de la maison de Moreton.)

M. Lainé, dans sa généalogie des Moreton, appelle Clarette Alouis, Clarette Alois, et lui donne pour armes : *de sinople au double trescheur fleuronné d'or au chevron d'azur brochant.*

ALPIGNAC. — Cette famille, originaire du Graisivaudan, passa dans le Valentinois. François d'Alpignac vivait en 1433, il est qualifié de chevalier ; sa femme se nommait Béatrix et était fille de Marguerite de Vaugelet. Claude d'Alpignac, 1521, laissa : Charles d'Alpignac, sieur de St-Murys, qui épousa Isabeau de Cognoz, fille de Rodolphe, seigneur de Craponnot, et de Françoise de Montfort ; il testa le 20 février 1540 et eut : A.-Pierre qui suit ; Anne, mariée, 1° à Nicolas Colombin écuyer, 2° à Olivier Carles ; Éléonor épousa François de Theys ; Jeanne, mariée à Jacques de Bompar, écuyer de Grenoble. Antoine-Pierre d'Alpi-

gnac, sieur de St-Murys, épousa Justine de Solignac,
fille de Jean, Sr de Veaune, et de Françoise Payn; de
sa première femme Anne du Menon, fille de Jacques
et d'Anne d'Arces; il n'avait pas eu d'enfants, et le
frère de celle-ci, Charles du Menon, hérita de ses biens.
A.-Pierre testa le 10 mars 1565; il laissa : Charles,
Pierre qui suit, Marin, Abel, Françoise mariée à
André Aquin et Louise.

Pierre, IIe du nom, épousa, le 28 septembre 1622,
Marguerite de Bombardier, fille de Denys ; il était capitaine major au régiment de Montoison : son testament est daté du 4 novembre 1635, époque vers laquelle il mourut, tué au siége de Valence en Espa-
gne. Il eut trois enfants : Antoine-Denys, Louise et
Françoise.

A un acte des archives de l'évêché de Grenoble,
portant nomination d'un canonicat en faveur de Laurent Alleman le Jeune, 19 mars 1504, est appendu le
sceau d'Antoine d'Alpignac, évêque d'Aire et doyen
du chapitre Notre-Dame de Grenoble; en voici la description : sceau plaqué en double queue de parche-
min, dont la légende est presque entièrement effacée : S'.......DECAN.... Dans le champ, un écusson
écartelé au 1 et 4 d'argent, écartelé d'azur, contre-
écartelé d'argent au lion de gueules à la bordure de
sable, chargé de huit besants d'or ; au 2 et 3 d'azur au
chef d'or chargé de trois fleurs de lis d'azur. (Notons
que les émaux ne sont pas indiqués dans notre
écusson.)

ALRICS (des). — La famille des Alrics, originaire
du Vivarais, passa en Dauphiné au xive siècle.

I. Guillaume des Alrics paraît dans un acte de 1315, signé entre Raimond et Guillaume Artaud, enfants de Raynaud de Montauban.

II. Berenger des Alrics était, en 1400, chanoine précenteur de Saint-Paul-trois-Châteaux, dont il fut ensuite prévôt. François des Alrics, un des descendants de Guillaume, s'allia, vers 1440, avec Catherine de la Baume, fille de Louis et d'Antoinette de Saluces. De cette alliance naquit :

III. Astorge ou Hector des Alrics, co-seigneur de Rousset, qui épousa, le 20 avril 1494, Françoise de Diez, fille de Ferdinand, seigneur de Pègue et de Piégu et de Lucrèce de Mirabel. Il laissa plusieurs enfants : 1, Guy des Alrics, mort sans postérité ; 2, Pierre, protonotaire apostolique, prieur de Montbrison et d'Alençon en Dauphiné ; 3, Jean des Alrics épousa Françoise de Grignan ; il fut tué au siége de Mornas, au comtat Venaissin, en 1563. Deux filles étaient nées de son mariage : Françoise, femme d'Alleman de Thesan, fils de Pierre et de Claudine de Grignan, et Lucrèce, qui épousa Guillaume de Panisse ; 4, Charles prieur du Péage-de-Roussillon ; 5, René qui suit ; 6, Françoise, mariée à Jean Boudry ; 7, Marguerite épousa François Robert ; 8, Pétronne, femme de François Borel, qui laissa une fille appelée Louise ; 9, Anne, mariée à Imbert Rey.

IV. René des Alrics, seigneur de Rousset, Chabrières, le Pègue, Vaesc, fut marié par contrat passé le 12 janvier 1540, avec Honorée d'Urre, fille de Thiers d'Urre, seigneur de Portes, capitaine de la garde noble du roi François Ier et de Catherine de Cornillon ; il laissa : 1. Pierre des Alrics, seigneur de Vinsobres, qui épousa

Philippine d'Arces; de cette union naquit Charles des Alrics ; 2 et 3, Rostaing et François, morts jeunes ; 4, Charles qui suit; 5 et 6. Justine et Françoise ; cette dernière épousa, le 27 août 1572, M. de Vesc, seigneur de Comps et co-seigneur de Dieu-le-Fit.

V. Charles des Alrics, seigneur de Rousset, etc., gentilhomme ordinaire de la chambre du roi Henri II, gouverneur de Vauréas, épousa Marguerite de Grolée, fille de François comte de Viriville et de Sébastienne de Clermont ; il testa en 1617 et mourut en 1624, laissant un fils et une fille :

1, Jacques des Alrics, qui suit ; 2, Anne, mariée en 1606 avec François de Berton de Crillon.

VI. Jacques des Alrics, seigneur de la Baume Cornillane, etc., s'allia en 1607, le 6 octobre, avec Elisabeth de Simiane, fille de Joachim baron de Châteauneuf et de Victoire de Grimaud, dont il eut François qui suit et Marguerite.

François-Joseph des Alrics, seigneur de Rousset, etc., se maria avec Gasparde de Rostaing, fille de Charles, seigneur de Gessans, et de Magdeleine de Chabot de Lescherène, fille de François de Chabot et de Lucrèce Prunier, dont il eut :

1, Secret des Alrics, chevalier de Malte ;

2, Louis-Charles, doyen et grand vicaire de Carcassonne, nommé évêque de Béziers le 16 avril 1702, sacré à Montpellier par l'évêque de Carcassonne, assisté des évêques de Nîmes et de Vence, 3 octobre 1702 ; il mourut en 1739.

3, Gasparde, abbesse de Vernaison, ordre de Cîteaux, au diocèse de Valence, 1712.

4, Charles-François des Alrics qui suit.

5, Louis-Joseph, chevalier de Malte en 1661.

VII. Charles-François des Alrics, seigneur de Rousset, conseiller d'honneur au parlement de Dauphiné, obtint en 1690 l'érection de ses terres en marquisat. Il épousa Marie Cuchet, fille de Léonard, secrétaire au parlement, et d'Anne de Louvat. De ce mariage naquirent : 1, Jean-François qui suit; 2, Marie-Anne, morte sans alliance.

VIII. Jean-François des Alrics, chevalier d'honneur au parlement de Grenoble, qui épousa Mabile Durand, fille de Pierre, seigneur de Pontaujard en Dauphiné, et d'Olympe-Françoise de la Gorce, qu'il laissa veuve sans enfants par sa mort arrivée à Grenoble au mois de mai 1737. En lui s'éteignit la famille des Alrics. (Guy-Allard, Pithon-Curt, etc.)

ALVISUS. — Pons Alvisus, chevalier, se trouve inscrit dans une charte du cartulaire de Domêne (p. 47).

AMAR. — Famille du Dauphiné qui a donné un directeur de la monnaie, père du célèbre Amar, député à la Convention.

Voici, à ce que je crois, les armes de cette famille : *d'azur au chevron d'argent, accompagné de deux pommes de pin en chef et d'un lion armé en pointe.*

AMAT. — Voir, pour la généalogie de cette maison, Lachenaye-Desbois et l'*Armorial* de M. de la Bâtie.

AMBEL. — Ancienne famille du Gapençais, dont nous trouvons Claude d'Ambel en 1266. Le 20 novembre 1313, Martin d'Ambel remit au Dauphin la terre de Monestier-d'Ambel, et ce prince, entre autres choses, réduisit à vingt setiers, moitié seigle, moitié avoine, la rente de trente-deux setiers à lui due par Martin d'Ambel, pour les moulins de Beaumont et de St-Michel (7ᵉ vol. de l'*Inventaire du Graisivaudan*, fol. 239).

François et Amédée d'Ambel vivaient en 1321.

Pierre, fils d'Amédée, co-seigneur d'Ambel en 1337, laissa trois enfants : Raymond qui suit, Marguerite, femme de Guigues Bernard ; Ambel d'Ambel, mari de Marguerite Ducatour, 1314. Raymond, co-seigneur d'Ambel, vivait en 1353. Il épousa N. de Pellafol, fille de Bartadin, et mourut à la bataille d'Azincourt, en 1415. Il eut trois fils : Henri qui suit ; Perret, mari d'Agathe Rivière, de qui il eut Raynaud, châtelain de Corps (Isère) en 1406 ; Raymond, père de Jean. Henri d'Ambel, co-seigneur d'Ambel et du Valgaudemar en 1383, épousa Alix Gras, fille d'Henri ; ils eurent deux fils : Aymon d'Ambel qui suit, et Antoine qualifié de noble dans la révision de la noblesse du Dauphiné en 1458.

Aymon d'Ambel fut le père de six enfants : 1° Jean-Antoine qui suit ; 2° Aynart, qui eut deux filles : Clémence et Catherine ; 3° Raymond, père de Borguette ; 4° Jacquette, femme de Claude d'Urre, 1468 ; 5° Marie, épouse de Jean de Molène, fils de Jacques ; 6° Borguette, mariée à Jacques de la Vilette.

Jean-Antoine d'Ambel, seigneur de Thorane, etc., épousa Catherine d'Urre, fille d'Antoine, seigneur du Puy-St-Martin, et de Françoise de Vesc. De cette union naquit :

Claude d'Ambel, écuyer d'Amé IX, duc de Savoie, 1491, mari de Guigone d'Arces, fille de Louis et de Guigone du Fay.

Aymar d'Ambel, fils de Claude, était châtelain de

Beaumont en 1530 ; il fut compris parmi les nobles du Trièves qui contribuèrent à la réparation du pont de Bryon, par ordre de Claude Falconis, vibailli du Graisivaudan, en 1504. De son mariage avec Marguerite Ruinat, fille de Jean et d'Aynarde de Saint-André, naquit :

Etienne d'Ambel, sieur de Grignolet, qui s'unit, en 1553, à Marguerite de Bonne, fille d'Honoré, seigneur de la Rochette, et d'Agnès de Saignes ; de cette union naquirent : Etienne d'Ambel et Pierre ; tous deux formèrent branches, Marthe, Rose et Clermonde ;

Etienne d'Ambel, sieur de Grignolet et de Mailles, épousa, en 1600, Suzanne de Beaumont, fille de Claude, seigneur de la Tour, et de Jeanne de Rochemure. Il testa le 15 janvier 1624, et mourut en 1647, laissant Suzanne d'Ambel, qui épousa François Didier, sieur de Pluviane. Leur fils, François Didier d'Ambel, fut marié à Marguerite d'Hélis, veuve de Pierre Peciat, conseiller, et fille de Guigues d'Hélis et d'Anne Duclot ;

Pierre d'Ambel, deuxième fils d'Etienne, épousa Guigone Cheval, de laquelle il eut huit enfants : Lazaré qui suit, Jean, Abel, André, habitant de Domène en 1635 ; Suzanne, femme d'Humbert Coct ; Marie, Judith, Jeanne, mariée à Imbert de Charra, d'Allevard ;

Lazare d'Ambel, sieur de Laversane, 1612, épousa Diane Baile, fille de Laurent, seigneur d'Aspremont, et de Françoise Sauret ; il eut : Daniel d'Ambel, 1670, époux de Marie Bailloud, en 1653.

On trouve encore Boniface d'Ambel, seigneur de Crolles et du Puy-St-Eusèbe, en 1328 ; Guillaume et Pierre, en 1334.

AMBLARD. — En 1340, un Amblard épousa Béatrix de Loras ; leur fils Jean s'unit à Claudine d'Ameysin,

1400, et leur enfant, Jean, à Béatrix de Grolée ; de cette union naquirent : Amblard qui suit, Robert, Antelme, Eustache, Hector, tous ecclésiastiques, et Louis Amblard épousa Gabrielle de Poisieu.

Françoise, leur fille, entra dans la maison de la Poype par son mariage avec Claude de la Poype.

Nous trouvons aussi que Jean, Antoine, André et Pierre Amblard prêtèrent hommage, le 18 juin 1482, pour la moitié des moulins d'Izeaux. Les enfants d'un Pierre Amblard tenaient un fief mouvant de Gérard Adhémar, seigneur de Monteil, en 1324.

AMBLERIEU.— Famille du Viennois. Jean d'Amblerieux, seigneur de la maison forte de ce lieu, au mandement de la Balme, vivait en 1320. Un d'Amblerieu fut conseiller au conseil delphinal lors de son établissement en 1337. Jean laissa Jean, deuxième du nom, père d'Antoine et d'Huguette, dernière de cette maison, qui épousa Poncet de la Balme, 1390.

AMBOISE. — Jean d'Amboise, maître des requêtes de l'hôtel du roi, président de la Chambre des Comptes de Dauphiné, 28 juillet 1472, portait : *Palé d'or et de gueules de six pièces.*

AMBROIS. — Ancienne famille noble du Briançonnais, dont le berceau a été dans le lieu de Bardonnèche.

Les mémoires de cette maison portent que Bardouin Ambrois, qui vivait en 1280, passa de la Lombardie en Dauphiné, et qu'ayant bien servi le roi, ce prince accorda à sa famille les fleurs de lis qu'elle porte sur le treillis de ses armoiries.

François Ambrois, co-seigneur du Puy-Beulard, en

Briançonnais, est qualifié damoiseau, dans le contrat de vente de la co-seigneurie du Puy-Beulard, passé en sa faveur le 7 juin 1374, par n. de Bardonnèche, de laquelle il rendit hommage le 28 du même mois, où il est dit habitant de Bardonnèche; il eut pour enfants : Jean, Perceval qui suit, et Louis.

Perceval Ambrois, qui rendit hommage au roi Dauphin le 10 avril 1413, épousa Jeanne N., de laquelle il eut quatre enfants : François qui suit; Antoine, co-seigneur de Bardonnèche dont il rendit hommage au Dauphin Louis en 1447; Claude et Benoît.

François, deuxième du nom, fit un hommage au Dauphin Louis le 17 février 1446. Il eut : Benneton, qui a continué; Gabriel et Perceval. Ces trois frères rendirent hommage pour la co-seigneurie de Bardonnèche au roi Dauphin, par-devant le parlement de Grenoble, où était Jean de Daillon, gouverneur du Dauphiné, le 27 mai 1478. Benneton ou Benoît laissa : Jean, François qui suit, et Claude.

François, troisième du nom, rendit hommage le 14 octobre 1501 pour la co-seigneurie de Bardonnèche. Il eut un fils nommé Antoine, qualifié fils de François dans un hommage qu'il prêta le 22 août 1541. Il se signala à la réduction du Briançonnais, lors des guerres de religion, et dans son testament du 15 juillet 1563, il nous donne le nom de ses enfants: Gabriel qui suit; Claudine, alliée à Esprit Anan, fils de N. Esprit Anan, co-seigneur de Bardonnèche.

Gabriel, co-seigneur de Bardonnèche, de St-Michel et de St-André en Maurienne, gentilhomme ordinaire de la chambre du roi Henri III, épousa Humberte Maréchal, fille de Pierre Maréchal, seigneur du château

St-Michel en Maurienne. Il fit son testament le 3 février 1588, et sa femme fit le sien le 26 mai 1594. Ils eurent pour enfants : Antoine, gentilhomme ordinaire de la chambre du roi, marié en la maison de Saint-Innocent en Savoie (qui a été père de Claudine, épouse de Fichet, avocat à Chambéry ; de Henri, garde du duc de Savoie, qui a eu des filles; de Jean et de César, tués au service du roi.)

Jean-Louis qui suit ;

Louis, enseigne au régiment de Bonne, tué à Briquéras, en Piémont ;

Louise, femme de n. Claude Bermon de Briançon ; Françoise, mariée à Jacques Mauvel, co-seigneur de Cruny en Savoie, et enfin Jeanne.

Jean-Louis, seigneur de Rochemolles au Briançonnais, gentilhomme ordinaire de la chambre du roi Henri IV, testa le 29 décembre 1628 ; il laissa Louis, Pierre, Espérite femme d'André Arnoul, de la ville de Turin ; enfin, Jeanne.

Louis Ambrois épousa Jeanne Beraud en 1629, après avoir porté les armes pour le service du roi pendant trente ans, tant en Italie que lors des guerres de religion ; il servit sous le connétable de Lesdiguières et sous d'autres chefs, à la prise de la Rochelle, de St-Jean-d'Angély, de Neyrac, de Clérac, de Privas, du Polusin, de Chambéry, en qualité de lieutenant d'infanterie ; il obtint un jugement en faveur de sa noblesse, de M. Dugué, intendant en Dauphiné, le 7 septembre 1669. Ses enfants furent : Jean-Louis qui suit, Antoine père de Jean, Gabriel prieur de Saint-Julien en Vercors, Pierre père de Barthélemy, de

Joseph , de Louis, de Gabriel et de Mathieu ; Marguerite, Marie et Catherine.

Jean-Louis Ambrois, II⁰ du nom, seigneur de Rochemolles, épousa en premières noces Isabeau Ménière, et en secondes, le 27 avril 1679, Françoise de Ferrus, fille d'Etienne. Il rendit hommage noble au roi, dans la chambre des comptes, au mois de septembre 1680 ; ses enfants furent : du premier lit, Catherine, femme de Joseph Telmon de Briançon ; Marguerite, religieuse de Ste-Ursule de Briançon ; Anne, femme de Gaspard Giraud ; du second lit, Hippolyte, Louis et Joseph Bruno.

(Généalogie de la maison d'Ambrois : *Bibl. de l'Arsenal*. H. 15583 *bis*; *Liber cop.*, etc.).

AMBROISAT. — Lantelme Ambroisat est qualifié co-seigneur de Moras en une révision de feux de 1472.

AMÉDÉE. — Famille noble du mandement de Bellecombe en Graisivaudan. Noble Burnon Amédée habitait Barraux en 1393. Humbert laissa deux filles : Amélie, mariée à Antoine Bouche ; et Marie, à Pierre Broard.

AMENRY. — Un membre de cette famille est qualifié noble dans un acte de 1296 ; il était à cette époque co-seigneur de Veynes, en Gapençais.

AMEYSIN. — Guillaume d'Ameysin vivait en 1147. Jean, fils de Pierre Ameysin (de Amaysino), seigneur de Berlier, vivait en 1270. Cette année, il rendit hommage à la Dauphine Béatrix, pour le fief du Frayne. Lantelme vivait à la même époque. Etienne d'Ameysin était seigneur de la maison forte de Condrieu en 1302; il eut trois fils : Humbert, 1334, Etienne qui suit et Hugues ou Guigues, chanoine de Saint-Maurice de Vienne et juge-mage de la même ville. En 1339 (26 juin), un Jaquemet d'Ameysin, de Crémieux, rendit hommage au Dauphin. Etienne II, damoiseau (1334), prêta serment entre les mains d'Humbert II en qualité de châtelain de la forteresse de St-Sorlin (*Valb.*, t. II, *pr.*, p. 462). Il eut un fils nommé Aymon (1357).

Aymon II° du nom, seigneur de Cornilieu (1378), fut nommé capitaine général et spécial de Romans, par Bouville, gouverneur du Dauphiné. (Giraud, *Essai sur St-Barnard de Romans*, II° partie, p. 304). Il eut trois enfants : Humbert, chevalier (1440) père d'Humbert II° du nom (1446). Alix, mariée à Humbert de Luyrieux, et Jean (1460) père d'André; celui-ci épousa Marguerite Falcoz, de laquelle il eut : Aymon qui suit, Gilles, maître d'hôtel de Philippe de Savoie, gouverneur du Dauphiné; Jean, auditeur des comptes. Aymon III° du nom (1483) épousa Jeanne Gratel et testa le 12 février 1508; il eut : Claude et Charles, morts sans enfants; Claudine, mariée à Louis de Vallin, et Anne, femme de Jean de Buffevent, seigneur de Chanisieu. Leur fille Jeanne épousa Claude de Brunier.

Ce fut la famille d'Ameysin qui fit construire la maison forte de Chanisieu, au mandement de Quirieu.

AMEYTE. — Noble Drevon Ameyte (de Amayta), de Domène, épousa, vers 1409, Claudine Mayart.

AMIC. — Rostaing Amic, *miles*, co-seigneur du Vercors, vivait en 1276. Giraud épousa Rambaude d'Agoult, fille de Raymond (1285). Bertrand était à Mont-maur en 1356.

Guillaume eut une fille nommée Rossillone, mariée à Isnard d'Entravanes.

AMIS DES ARTS (Société des). — La Société des Amis des Arts, fondée à Grenoble en 1832, réorganisée le 29 janvier 1866, porte pour armes : l'écusson de la ville de Grenoble surmonté de deux enfants accolés à la couronne murale, tenant enchaînés d'un côté le serpent, de l'autre le dragon (l'Isère et le Drac). Au-dessus, cette légende en devise : SOCIÉTÉ DES AMIS DES ARTS.

AMPUIS. — Maison du Lyonnais, éteinte depuis longtemps, qui a donné au Dauphiné Ainarde d'Ampuis, abbesse de St-André-le-Haut de Vienne, 1315, 21 octobre 1318, et François Ier d'Ampuis, abbé de St-André-le-Bas, 1412. Disons quelques mots de cette famille : en 1280, Chabert d'Ampuis, et Guenisius moine de St-Chef, frères, fils de Guillaume *miles*, cédèrent à Philippe, comte de Savoie, les droits qu'ils avaient sur les châteaux de Septême et de Falavier. Foulques d'Ampuis, chevalier, acquit d'Oger d'Ampuis, damoiseau, du consentement d'Artaud de Roussillon, les fiefs et arrière-fiefs assis en la paroisse d'Ampuis, au diocèse de Vienne, 1284. Abel d'Ampuis rendit hommage à Boniface de Miribel en novembre 1290 ; Guy épousa Galienne, dame de Chatillon ; il fit une donation à l'abbaye de Laval de Bressieux en 1282. Falques d'Ampuis vivait en 1287; Girin, chevalier, en 1288 ; Pierre, damoiseau, existait en 1320 ; Béatrix d'Ampuis était religieuse de St-André-le-Haut en 1323. Jean, fils de

Pierre, épousa Clémence, veuve de Guillaume Maréchal, en 1334.

(Guy-Allard; Allut; Betencourt; Arch. de l'Isère).

ANCELIN. — Famille noble du Graisivaudan, qui habitait Theys. Voici les noms de quelques membres de cette maison : Odon vivait à Theys en 1466 ; Pierre, habitant de Grenoble, déclaré noble par arrêt du parlement du 16 juin 1467 ; Jean, qualifié écuyer en 1483 ; Jean, 1494 ; Ennemond, 1512.

ANCEZUNE. — L'ancienne maison d'Ancezune, qui habitait le comtat Venaissin depuis le milieu du XIe siècle, donna au Dauphiné un archevêque et plusieurs personnages qui occupèrent de hautes dignités ecclésiastiques. Citons ici les alliances que contracta cette maison avec de nobles familles dauphinoises; une branche même des Ancezune vint s'établir en Dauphiné, comme nous allons avoir l'occasion de le dire. En remontant à 1272, nous voyons que Guillaume III d'Ancezune épousa Alix de Poitiers d'Aramon. Raimond d'Ancezune, fils de Jacques, s'allia, en 1430, avec Marguerite de Cornilian, des seigneurs de Corniliane en Dauphiné ; sa sœur Alix ou Alizette épousa Pierre de Saint-Paul, au Valentinois.

Charles d'Ancezune, maître d'hôtel du roi Charles VIII (1488), se maria avec Germaine de la Tour, dame de Vinay, fille unique et héritière d'Humbert de Sassenage, substitué au nom et aux armes de la Tour du Pin par Huguette, dame de Vinay, sa bisaïeule paternelle; ils eurent pour fils Jean, prieur du Pont St-Esprit, prévôt d'Orange et enfin abbé de Saint-Ruf, 1520.

Giraud d'Ancezune, seigneur de Vinay, mourut à la

bataille de Marignan en 1515 ; son fils Aymar, seigneur de Vinay, épousa Marguerite de la Baume, dame en partie de Vinay, remariée avec Annet de Maugiron, seigneur de Leyssins. Rostaing d'Ancezune, fils d'Aymar-Antoine, panetier du roi, et de Louise Falcoz, fille de Pierre, seigneur de Loriol au Valentinois, fut d'abord prévôt de la cathédrale d'Orange, ensuite évêque de Fréjus, 1491, et enfin archevêque d'Embrun, 1494 ; il mourut le 27 juillet 1510.

Guillaume d'Ancezune-Cadart, fils d'Aimar et de Nicole-Cadart, mourut au service du roi et ne laissa pas d'enfants de Guigonne Alleman, fille de Charles, seigneur de Taulignan, lieutenant au gouvernement du Dauphiné, et d'Anne d'Albigny, dame de Lumbin. Son frère Louis épousa Louise, fille de Laurent, baron de Sassenage, et de Françoise Alleman de Champ. Jeanne, fille de Louis, fut mariée le 4 juin 1596 avec Louis-François de Castellanne-Adhémar, comte de Grignan, sénéchal du Valentinois.

ANCONNE. — Humbert d'Anconne était lance de la compagnie du chevalier Bayard au combat de la Bicoque en 1522 ; je ne sais s'il appartenait à une famille dauphinoise.

ANDELOT. — Famille de Bresse passée en Dauphiné. Marguerite d'Andelot épousa Aymar de Beauvoir, 1350. Jean vivait en 1380 ; il hérita des biens de Pierre de Chandière son oncle, en 1383 ; il avait épousé Sibille de la Palu et mourut sans postérité.

Marguerite, sa sœur, porta les biens qu'elle avait en Dauphiné, à Aimar de Sauvain, son mari.

Armes : *de gueules à la fleur de lis d'or.*

ANDRÉ. — Noble André, du bourg de Briançon, est porté dans le recensement des nobles du 28 mai 1338. (*Inv. des archives de la Chambre des Comptes de Grenoble*, reg. du Briançonnais, f° 290).

ANDRÉ de RAINOARD. — Cette famille, dans laquelle s'est éteinte celle de Renoard, connue en Languedoc dès le xi° siècle, habitait le comtat Venaissin. Un de ses membres, Etienne de Rainoard, était seigneur de Propiac, en Dauphiné, vers 1550.

Armes : *d'azur au château d'argent, donjoné de trois tours de même, maçonnées de sable, le tout surmonté d'un croissant d'or.*

ANDREVET. — La famille Andrevet possédait une maison forte à Montmélian.

Claudine, fille de Philibert Andrevet, épousa Humbert de la Poype, seigneur de Serrières en Dauphiné, vers 1535. Claude Andrevet, le dernier de ce nom, épousa, le 23 août 1551, Jeanne Alleman, fille de François Alleman, seigneur de Champ en Dauphiné, et de Justine de Tournon, de laquelle il n'eut point d'enfants.

Armes : *d'argent à trois fasces de sable à la bande de gueules brochant sur le tout.*

ANDUSE. — Famille de Languedoc passée en Dauphiné. Bernard d'Anduse, 1195, eut pour fils : Pierre Bermond, sieur de la Voûte, 1208, qui épousa N. de Clérieu?; d'où Guillaume qui suit, et Pierre Raymond, père de Roger, ecclésiastique (1305). En 1209, Raymond d'Anduse était prieur de la chartreuse des Ecouges. Guillaume d'Anduse, 1260, épousa N. des

Baux ; il eut : Roger (1279), marié à Audis Bastet de Crussol ; ses enfants sont : Bermond qui suit ; Mabile, mariée à Raymond des Baux ; Philippine, à Raymond d'Agout (1350); et Audis, à Pierre-Maurice de Rochesavin.

Bermond s'allia à Bertrande-Rambaude de Simiane, 1324 ; il eut : Bermond qui suit ; Tiburge, mariée à Guillaume des Baux ; Aimar, évêque de Viviers, 1338, et Guillaume qui a fait branche. Bermond d'Anduse épousa Fleurie de Blacas, 1342, et plus tard Marguerite de Castellane ; il eut du premier lit : Raymond qui suit; Béatrix, mariée : 1° à Jean Alleman de Vaubonnais, 2° à Guillaume des Baux. — Du deuxième lit : Marguerite, femme de n. de Maubec, et Guillaume, qui épousa Ermezinde de la Gorze.

Raymond, 1380, allié à Eléonor de Poitiers, eut pour enfants : Louis d'Anduse qui suit, Aymar, et Andis qui épousa Isnard de Glandenez, 1400 ;

Louis d'Anduse épousa : 1° Marguerite de Chalençon ; 2° Marguerite d'Apchon ; 3° Sibille Adhémar, 1350; il eut : Bermond, 1402, qui s'allia à la maison de Sassenage par son mariage avec Antoinette de Sassenage ; il n'eut point d'enfants ; Louise épousa Guichard de Combord ; Eléonor, mariée à Marquet de Beaufort de Canillac, et enfin Antoinette, femme de Philippe de Lesy, à qui elle porta la Voulte.

2me Branche :

Guillaume d'Anduse, fils de Bermond, 1319, épousa Mateline de Blacas ; il eut :

Bermond d'Anduse qui suit, et Marguerite mariée à Raymond Geoffroy, d'Ollières. Bermond d'Anduse (1344) épousa :

1° Sibille des Baux ; 2° Béatrix de la Roche. Il eut :

1° et 2° Aymar et Guillaume, ecclésiastiques ;

3° Mateline, mariée à Faucon de Pontevez ;

4° Mabile, femme : 1° de Jean de Pontevez, 2° de Guillaume de Morges de l'Espine ;

5° Baudette, femme de Guyon Artaud.

Adhémar de la Voute, fils de Bermond d'Anduse, fut élu évêque de Valence le 4 mai 1331. M. l'abbé Chevalier, dans son cartulaire de la ville de Die, décrit ainsi le sceau de ce prélat : il est ovale ; le prélat est représenté en pied, mais n'occupe pas toute la longueur du sceau ; au-dessus se trouve la Sainte Vierge, patronne de l'église de Die, et au bas, à droite et à gauche, deux écus ; la légende peut être ainsi restituée :

S ' . AY . EPI ET . COM . VALENT . ET . DYEN .

(*Cart. de Die, p.* 143, *Confirmation des libertés de la ville de Die*).

ANEISIEU. — Guy Allard cite dans ses manuscrits une famille noble de ce nom, habitant Avalon en 1320. Girard d'Aneisieu vivait en 1375 ; Guillaume et Jean, en 1339.

ANGELAS. —1277. Un personnage de ce nom : Bertrandus dels Angelas, *miles*, assiste comme témoin à la donation faite au couvent de Chalais, par Gaufredus de Moirenco, en juin 1231 (*mon cartulaire de Chalais*). Il est encore cité dans l'inventaire des Dauphins ; on lit, p. 12, n° 102 : « *Carta donacionis quam fecit Guigo* « *Alamanni dom° Dalphino, de dom° Bertrando de En-* « *gelatis et de feudo quod idem dom. Bertrandus tene-* « *bat in Valboneys a dicto Guigone Alamanni.* »

ANGELIN (*alias Assalli*). — Maison du Viennois.

Jean Angelin, Ier du nom, est mentionné dans un rôle d'arrière-ban en 1436 ; son fils, Jean Angelin, IIe du nom, obtint, le 22 juin 1490, un arrêt du parlement en faveur de sa noblesse. Il eut deux fils : Jean qui suit, et Antoine, prieur de St-Benoît de Seyssel en Bugey, 1550.

Jean, IIIe du nom, épousa Péronette Biffard ; son testament, daté du 27 avril 1524, nous donne les noms de ses enfants.

Pierre Angelin qui suit, Hugues, Etienne ecclésiastique. Jean, moine de l'abbaye de Rampon, et Françoise, mariée à Pierre de Domne (de Dompno).

. Pierre Angelin (1554) épousa Antoinette de la Barre, fille de Jean de la Barre, seigneur de la maison forte de la Barre, et de Catherine de Chadrat ; il eut :

Antoine qui suit, Christophe, Jacques, Georges et Georgette. Antoine s'unit, le 18 février 1574, à Bénoîte de Chavan, fille de Claude, seigneur d'Agnella, de St-Geoire, et de Claudine Vallet ; il eut : Aymar qui suit, Benoît et François, morts sans enfants.

Aymar d'Angelin épousa : 1° Esther de Gallien, fille de Jacques Gallien de Chabons et de Philiberte Tabernier ; 2° Marguerite de Bucher, fille de Pierre, procureur général au parlement ; il testa le 4 octobre 1616.

Jean Angelin, IVe du nom, son fils, seigneur de Champlaneys, épousa, le 28 janvier 1626, Marie Borin, fille de Symphorien, maître des comptes à Grenoble, et de Marguerite de Baronnat ; il eut :

- Symphorien qui suit ; Jean, mari de Catherine Lanfrey, fille de François de Lanfrey et d'Ennémonde de Mélat ; Françoise, mariée à Pierre de la Porte ; Catherine, Ennemonde, Thérèse et Antoinette.

Symphorien d'Angelin laissa trois enfants :

Charlotte-Elisabeth, mariée à Joachim Du Perron, mestre-de-camp ; Pétronille, unie à Christophe de Flocard de Mépieu, et Angélique-Lorence, femme de François de Vaure de Bois.

On trouve encore Alix et Antoine d'Angelin, 1701. Cette famille s'est éteinte vers 1820, par la mort du chevalier d'Angelin des Avenières, ancien officier retiré aux Invalides, fils d'André d'Angelin et de Catherine Aléron ; il avait deux sœurs chanoinesses de St-Pierre, à Lyon : Agathe mourut le 16 avril 1824, âgée de 83 ans, et Jeannette mourut le 5 octobre 1826, à l'âge de 90 ans. (Guy-Allard, Armorial de M. de Labâtie.)

ANGLANCIER DE ST-GERMAIN. — Voir, pour la généalogie de cette famille, l'*Armorial* de M. de Labâtie.

ANGLÈS. — Famille noble fort ancienne, établie à Veynes (Hautes-Alpes). Balthazard était prieur de Montmaur en 1510.

Martin, seigneur de Ste-Guitte, vivait en 1570 ; il commandait une compagnie de gens à pied au nombre de cent, à l'époque des guerres de religion en Dauphiné.

François son frère était chanoine de l'église cathédrale de Viviers.

Jean Anglès de Perceval, fils de Martin, fut prieur de Montmaur. Charles, petit-fils de Martin, écuyer du roi, laissa Joseph, lieutenant du premier bataillon du régiment de Saintonge et capitaine de cavalerie par brevet du 24 juillet 1704.

Antoine, co-seigneur de Gap, frère de Charles, fut le

chef de deux branches de cette famille ; il eut Jacques qui suit, et Balthazard.

Jacques, co-seigneur de Gap, président de la cour royale de Grenoble, puis membre et président d'âge de la chambre des députés, laissa Jean, François qui suit, et Charles-Grégoire.

Balthazard, II⁰ du nom, fut officier dans le corps royal du génie. Il eut Jean-Jacques, secrétaire général de l'intendance de Lyon, père du chevalier Annibal-Marie, chef de division aux préfectures de Lyon et de Gênes, ensuite inspecteur général de la librairie et de l'imprimerie à Rome, sous-préfet de l'arrondissement de Vienne, qui mourut à Anjou le 25 avril 1846 ; il était né à Lyon le 3 février 1784.

Françoise Anglès épousa Jean Lagier, avocat, vers 1740.

Jean-François, co-seigneur de Gap, fils de Jacques, naquit à Veynes le 4 septembre 1736 ; il fut conseiller à la grand'chambre au parlement de Grenoble, premier président de la cour de la même ville. Son fils, Jules-Jean-Baptiste, comte Anglès, naquit à Grenoble en 1778 ; il fut gouverneur de la Silésie et de la Basse-Autriche, ministre d'Etat et de la police du royaume, membre de la chambre des députés ; il mourut le 16 janvier 1828.

Charles-Grégoire, deuxième fils de Jacques, naquit à Veynes, vers 1754 ; chanoine de la cathédrale de Grenoble et pourvu des prieurés de Veras, Montmaur et St-Bonnet en Dauphiné, ensuite maire de Veynes et membre du conseil général des Hautes-Alpes, député de ce département au Corps législatif ; il mourut à Veynes en 1834.

(*Nécrologe du XIXe siècle*, par St-Maurice Cabany, t. IV ; *Biographie du Dauphiné*, par Rochas, etc.)

ANGONNES. — Cette famille tirait son nom d'un village du mandement de Vizille. Reymond des Angonnes combattit à Varey, 1326. Jean des Angonnes est mentionné parmi les nobles de la Motte-Saint-Martin, en 1339.

ANISSON. — Famille noble originaire du Dauphiné. Charles, religieux de l'ordre de St-Antoine, naquit à St-Marcellin, vers le milieu de XVI* siècle ; il fut commandeur d'Aubeterre.

Laurent, imprimeur à Lyon, échevin de la même ville en 1670, laissa deux fils : Jean, imprimeur à Lyon, et Jacques, échevin en 1711 ; il mourut en 1714. Louis-Laurent, fils de Jacques, obtint en 1723 la direction de l'imprimerie royale ; il mourut en 1761 et ne laissa pas d'enfants. La marque d'imprimerie des Anisson était l'ancienne fleur de lis de Florence que les Juntes apportèrent à Lyon et qui fut transmise par eux à Cardon et de Cardon aux Anisson. Le père Menestrée y ajouta la devise : ANNI SON CHE FIORISCO. Les armes de cette famille se trouvent sur plusieurs jetons des échevins de Lyon ; elle portait : *d'argent au vol de sable, au chef d'azur chargé de deux coquilles d'or.*

(*Histoire du livre*, par Werdet ; *Biographie de Michaud* ; Rochas).

ANJOU. — « C'est la famille de Roussillon, dit Guy Allard, de laquelle les armoiries sont dans un quartier de celle de Miolans. » Asteric et Rainold d'Anjou étaient chanoines de St-Maurice de Vienne en

1192. Simon d'Anjou fit hommage lige à Guigues Dauphin, en 1262, pour ce qu'il tenait à Jarcieu. Isens, dame d'Anjou, testa en 1293; elle élit sa sépulture en l'église des Frères Mineurs de Vienne, auxquels elle légua ses joyaux; elle fit aussi des legs à Dauphine sa nièce, fille de Béatrix de la Tour, sa sœur; à Hugues, fils de Guillaume d'Anjou et à son fils Girard.

Guigues d'Anjou, seigneur de Peyraud, vivait en 1296; Girard, en 1339. Guillemette était religieuse de la chartreuse de Prémol en 1357.

Armes : *de gueules à l'aigle membré d'or.*

(Guy Allard; Duchêne; Geliot; l'abbé Chevalier).

ANNONAY. — Aymar d'Annonay reçut en fief de Guigues, Dauphin, la garde de l'église de la ville et du territoire de Quintenas, en 1252; il avait épousé dame Artaude, et mourut vers 1273; son sceau, appendu à une charte de 1252, porte cette légende : SIGILLVM . ADEMARII . DNI . DE ANNONAI. Dans le champ, un cavalier armé de toutes pièces tourné à droite. Le contre-sceau porte la même légende; dans le champ, un écusson *bandé de huit pièces, au chef chargé de quatre rangées de points* (sceau inédit).

ANSELME. — Anselme, sacristain de l'église de Vienne, vivait en 1268. Son sceau, que nous trouvons appendu à une charte du mois de janvier de cette année, représente un écusson *chargé d'une bande,* avec cette légende : S ANSELMI . SACRISTE . VIEN. Cire verte, forme ovale. (*Archives de l'évêché de Grenoble*).

ANSELME. — Famille noble du comtat Venaissin,

qui a donné au Dauphiné deux gouverneurs de Châ-teau-Dauphin, Pierre, en 1560, et Antoine, en 1568.

Armes : *d'azur fretté d'argent de huit pièces.*

ANTENNE (d').—M. Blancard, dans son Iconographie des sceaux du département des Bouches-du-Rhône, reproduit le sceau d'Armand d'Antenne, précepteur du temple de Montélimar en 1259. En voici la descrip-tion : légende entre cordons, en capitales gothiques : + S'. FRATRIS ARMANDI. Dans le champ, une croix pattée.

ANTHON. — Très-ancienne famille noble, à qui la terre de ce nom, dans le Viennois, appartenait. Voici, selon Guy Allard, la filiation de cette famille : Gui-chard, Ier du nom, seigneur d'Anthon, reçut en fief, des comtes de Forez, la terre de Perroges ; environ l'an 1100, il fut le père de Guichard II qui suit ; Gui-chard II épousa Jacquette N. ; il eut Guichard III qui suit, Hugues et Jean.

Guichard III donna la dîme de Peroges à l'église de Cluny, le lendemain de la fête de la Résurrection de Notre-Seigneur, en 1236 ; il reconnut aussi tenir en fief d'Amédée de Savoie, comte de Beaujeu, la ville de St-Maurice-d'Anthon (3 octobre 1283). Il épousa Alix de Verdun, de laquelle il eut deux enfants : Aymar qui suit, et Isabelle.

Aymar rendit hommage à l'abbé d'Ambournay, pour la seigneurie de Loyetes en Bugey, 1259.

Isabelle épousa Guigues de Beauvoir, fils de Drodon. Devenue veuve, elle fit son testament et légua 10 liv. aux Carmes de Pinet. Une autre Isabelle épousa Hu-gues de Genève ; elle testa le lundi après la fête de

St-Michel, 1331, et fit des legs à Jean, Jeannette et Marguerite, ses neveu et nièces.

Aymar d'Anthon épousa Marguerite de Ste-Croix, de laquelle il eut Aymaret, seigneur de Gordons et d'Illins ; il s'unit à Sibille de la Palu, de laquelle il eut une fille nommée Isabeau, mariée à Henri de Montagny (1336).

Nous trouvons encore Boniface d'Anthon en 1177 ; Marguerite, abbesse de Laval de Bressieux, 1302 ; Aymar d'Anthon, chanoine de Lyon, qui fit une donation à sa sœur Marguerite, religieuse de Laval de Bressieux, par son testament rédigé en 1332.

Louis et Adon d'Anthon habitaient Viriville en 1458 (*Revue des nobles*).

N. d'Anthon fut abbé de St-Antoine de Viennois, de 1702 jusqu'en 1732.

Nous connaissons deux sceaux de cette famille : le premier est celui d'Alix de Verdun, femme de Guichard d'Anthon ; il est appendu à une lettre écrite au duc de Bourgogne par cette noble dame, alors veuve, pour le prier de recevoir comme vassal son fils Aymard, 1311.

Il représente une dame debout, les deux mains posées sur deux écussons : à dextre, d'un parti (indistinct) ; à senestre, d'un chevronné ; la figure accostée d'une étoile et d'un croissant. Lég. ∽ . ALAYS . D' VERDV DA... DATON.

Le deuxième a été reproduit par Valbonnais, dans son histoire du Dauphiné ; c'est celui d'Isabelle d'Anthon, femme de Guigues de Beauvoir. Isabelle est représentée tenant d'une main l'écu de ses armes, et dans l'autre celui des armes de Beauvoir.

(Guy Allard, Valbonnais, divers mss. etc.)

www.ingramcontent.com/pod-product-compliance
Lightning Source LLC
Chambersburg PA
CBHW070935280326
41934CB00009B/1882